나는 1인 기업가다

나는 1인 기업가다

지은이	홍순성
펴낸이	박숙정
펴낸곳	세종서적(주)

편집장	강훈
기획	윤혜자
책임 편집	김하얀
편집	이진아
디자인	전성연 전아름
마케팅	안형태 김형진 이강희
경영지원	홍성우

출판등록	1992년 3월 4일 제4-172호
주소	서울시 광진구 천호대로132길 15 3층
전화	영업 (02)778-4179, 편집 (02)775-7011
팩스	(02)776-4013
홈페이지	www.sejongbooks.co.kr
블로그	sejongbook.blog.me
페이스북	www.facebook.com/sejongbooks
원고 모집	sejong.edit@gmail.com

초판 1쇄 발행 2017년 3월 3일
4쇄 발행 2018년 2월 14일

ⓒ 홍순성, 2017

ISBN 978-89-8407-615-0 03320

이 도서의 국립중앙도서관 출판시도서목록(CIP)은 서지정보유통지원시스템
홈페이지(http://seoji.nl.go.kr)와 국가자료공동목록시스템(http://www.nl.go.kr/kolisnet)에서
이용하실 수 있습니다.(CIP제어번호: CIP2017004127)

나는 1인 기업가다

홍순성 지음

ONE MAN
COMPANY

세종
서적

'어쩌다보니' 1인 기업을 하게 되었다. 마흔 즈음에 한 번 쉬어가고 싶다는 생각이 30대 중후반부터 있었다. 서른아홉이 되던 해, 다니던 회사에 반년 뒤 그만두겠다고 사표를 미리 내놓고는 계획을 세웠다. 1년을 쉬고 싶었지만, 7개월 만에 다시 일을 시작했다. 놀다 보니 통장 잔고는 더 빨리 떨어졌다. 1인 기업은 어쩔 수 없는 선택이기도 했다. 일은 서울에서, 뒤늦게 시작한 공부는 대전에서 했기 때문이다. 몸이 가벼워야 했다. 공부를 마치고 나면 회사를 키우거나 직장으로 돌아갈까도 생각했다. 빠르면 4년 내 마칠 수 있겠다던 공부는 8년이 되어서야 끝났다. 어쩌다 시작한 1인 기업을 계속해야 할까 고민했다. 답은 금방 나왔다. 어느새 내가 '확실히' 1인 기업가로 바뀌어 있었다. 삶의 우선순위가 바뀌었기 때문이다. 나에게는 시간이 많이 남아 있지 않다. 노안이 와서 문자 메시지를 보려면 안경을 벗어야 하고, 밤이라도 한 번 새면 회복이 더디다. 에너지를 발산하며 하고 싶은 일을 할 수 있는 시간이 얼마 없는 것이다. 이런 나에게 최우선순위는 하고 싶은 일을 할 수 있는 자유시간 확보다. 나이가 들어 일이 없어 '생기는' 자유시간이 아니라 하고 싶은 일을 하며 돈을 벌고, 그 돈으로 다시 하고 싶은 것을 할 수 있는 자유시간 말이다.

1인 기업의 핵심은 혼자 하는 형태의 사업이기 이전에 내가 하고 싶은 일이 무엇인지를 찾아보는 고민 속에 있다. 딜레마도 존재한다. 직장을 떠나서 하고 싶은 일을 찾게 되면, 생활이 안정되지 않아 제대로 된 판단을 하기가 쉽지 않다. 따라서 직장에 다니는 동안 자기가 원하는 일, 즉 자기만의 직업을 찾아야 한다. 홍순성 대표는 이 책에서 "성공적인 1인 기업의 시작은 성공적인 직장 생활에 있다"고 말한다. 자신이 원하는 직업과 직장에서 하는 일이 잘 연결된다면 굳이 직장을 서둘러 나오지 않아도 된다. 나는 코칭과 워크숍 퍼실리테이션workshop Facilitation을 하고 싶었고, 이를 직장에서 경험할 기회도 있었다. 하지만 경영자였기 때문에 업무 시간의 절반 이상은 숫자와 조직을 관리해야 했다. 내가 좋아하는 일에 더 많은 시간을 쏟고 싶었다. 그래서 떠났다. 만약 직장에서 하는 일과 내가 하고 싶어 하는 일이 다르다면 어떻게 해야 할까? 이런 경우에는 "성공적인 직장 생활", 즉 직장 생활을 하면서 최대한 자기 시간을 확보해 미래를 준비해야 한다.

전문가란 특정 분야에 대해 남보다 고민을 많이 한 사람이다. 홍순성 대표는 그 자신이 1인 기업가이면서 1인 기업 마인드에서부터 실무까지 수많은 사람과 만나며 고민해온 1인 기업 전문가다. 이 책에는 퇴사 전부터 새로운 시작 그리고 그 이후까지, 또 1인 기업을 하며 얻는 것과 잃는 것도 담고 있다.

회사에서 '밀어낸' 다음에 1인 기업을 고민하기 시작하면 늦다. 미리 준비하는 것이 좋다. '일단' 월급이 꽂히는 직장에 다니면서 굳이 1인 기업을 '미리' 고민하는 것은 때론 성가실 수 있다. 당장 안 한다고 해도 피해가 없기 때문이다. 대부분의 직장인은 '(25년 내외 직장 생활로) 짧고, (매달 나오는 월급으로) 굵게' 살아간다. 반면 1인 기업은 '(40~50년 동안) 길고 (많은 경우 직장 연봉보다는 적은 보수로) 가늘게' 사는 삶이다. 고용노동부는 2013년 53세였던 평균 퇴직 연령이 2016년에는 49.1세로 떨어졌다고 추산했다.

남은 시간이 많지 않다. 카페에서 차 한 잔을 시켜놓고 이 책을 펼쳐 홍순성 대표의 조언을 들어보자. 누가 알겠는가? 이 책을 읽다가 여러분도 '어쩌다보니' 1인 기업을 하게 될지도!

김호(더랩에이치 대표)

차례

chapter 1

직장인과 직업인

1인 기업 준비하기

1인 기업 운영의 실제

chapter 4

1인 기업의 생존 전략 만들기

성공한 1인 기업의 노하우

나만의 직업을 찾아
스스로를 평생 고용하라

김범수 카카오 이사회 의장은 스타트업 캠퍼스 총장 취임식 때 이렇게 말했다. "축구를 좋아하는 아이가 있었다. 어렸을 때부터 무수히 많은 땀을 흘리며 축구선수로 성장했다. 드디어 출전을 하게 됐는데 눈앞에 펼쳐진 경기장은 축구장이 아닌 야구장이었다."

월드 이코노믹 포럼은 이렇게 전망했다. "앞으로 5년 내 현재의 일자리 중 500만 개가 사라질 것이다. 지금 초등학교에 입학한 아이의 65퍼센트는 현재 존재하지 않는 직업을 가지게 될 것이다."

가까운 미래에 우리 중 누구라도 축구를 배웠으나 야구장에서 뛸 수밖에 없는 상황에 직면할 것이며 지금 자신의 직업이 사라질지도 모른다는 것이다.

이런 미래에 대비하기 위해 김범수 의장은 "앞으로는 직장이 아닌 업業을 찾아야 한다. 좋은 대학을 졸업해 대기업에 취직하면 성공한다는 방정식은 통하지 않는다, 내 강점을 살리고 열정적으로 몰입할 수 있는 업이 필요하다. 직업에 대한 변화가 일어나고 있다. 특히 알파고, AI(인공지능), 4차 산업혁명 등이 미래 일자리 환경의 변화를 일으키고 있다"며 변화하는 시대에 맞춰 직업관을 바꾸라고 말했다.

변화를 앞당기는 요인으로는 온라인의 발달과 미래 일자리 지형도가 바뀌고 있다는 점을 들 수 있다. 이제는 평생 직장을 보장받을 수 없다. 과거보다 노동환경과 인프라가 좋아져 기업은 최소 인력으로 최대 생산을 하려 하고 실제로 그렇게 할 수 있다. 대기업이든 중소기업이든 비용을 줄이고 생산성은 높이기 위해 조직 규모를 줄인다. 따라서 지금은 안정된 직장이라고 해도 당신의 자리는 언제든지 사라질 수 있다.

직장 생활 10년, 직업을 다시 찾다

직장 생활을 10년 정도 하면 자신만의 일을 생각하게 된다. 그래서 이때쯤 직장을 그만두고 나오는 사람들이 많다. 그러나 10년 동안 직장인으로 살던 사람이 직장을 나와 먹고살기는 쉽지 않다. 10년 동안 직장인으로 살았지 직업인으로 살지는 않았기 때문이다.

다시 나의 일을 찾고 만들어야 한다. 이 과정을 거쳐야만 독립해 살아갈 수 있다. 직장은 일할 곳과 직책을 주었으나 당신의 평생을 책임질 직업을 제공하지는 않는다. 자신의 미래와 생존을 위해서라도 어디서든 당당할 수 있는 전문적인 직업을 가져야 한다.

직장은 일할 곳과 직책을 주고, 직장을 다니는 동안 먹고살 수 있는 최소한의 비용을 제공한다. 직장을 떠나 살기란 쉽지 않기 때문에 직장인들은 다른 생각을 하지 않는다. 제한된 업무 환경(전문성이 떨어지는) 탓에 다른 곳에서 쉽게 일을 하기보다 업무를 다시 배우는 과정을 반복한다.

그리고 회사는 언제든지 쿨하게 직원을 자를 수 있다. 물론 직원은 그럴 수 없을 것이라고 생각한다. 그러나 최근의 이슈인 성과연봉제만 보더라도 성과가 나쁜 직원은 이제 사지로 내몰리지 않을 수 없게 되었다. 앞으로 기업은 고용은 줄이고 생산을 늘리는 방식을 고려할 것이다. 비용은 증가하고 수익이 줄어드는 시대에 접어들었기 때문이다.

나만의 직업을 찾아 스스로를 평생 고용하라

80세까지 일해야 하는 시대가 왔다. 누구에게도 의존하지 않고 스스로 생존할 수 있는 방안 마련이 시급하다. 이를 위해 업무의 전문성을 토대로 독립할 수 있도록 성장해야 한다. '내가 곧 직장'이 되어 원하는 삶을 살아야 한다. 이를 위한 준비는 빠를수록 좋다.

《쿨하게 생존하라》(모멘텀, 2014)의 저자 김호 씨는 "직장과 직업을 혼동하는 것은 우리에게 끔찍한 결과를 안겨준다. 직장이란 쉽게 말해 매일 아침 출근하는 빌딩, 즉 일하는 장소place of work, 사무실office을 뜻한다. 직업은 직장과 관련 있지만 뜻은 전혀 다르다. 영어로는 프로페션profession으로 자신이 가진 전문적 기술로써 자기 분야에서 스스로 결과물을 만들어내고, 일정한 돈을 벌 수 있는 일業을 말한다"라고 직업과 직장의 차이를 구분한다.

평생 직업을 찾기 위한 노력은 결코 쉽지 않다. 그러나 직장에서 정년 퇴임까지 버티는 것보다는 쉬울 수 있다. 물론 1인 기업 역시 쉬운 길은 아니다. 그러나 더 이상 직장은 안전하지 않다. 직장은 시간이 지나면 우리를 자리에서 내몰 것이다. 나는 직장에서 내몰리기 전에 나만의 직업을 찾기로 결심했고, 그 계획을 다른 사람보다 조금 일찍 실행했다. IT 기업에서 일하던 나는 젊고 능력 있는 사람들을 주로 뽑는 채용 형태의 변화를 목격하고는 하루라도 빨리 독립해 나만의 일을 찾아야 한다는 생각으로 과감하게 직장을 나왔다.

이렇게 시작한 1인 기업 생활이 어느새 10년을 맞이했다. 현재 나는 책 일곱 권을 펴낸 저자이자 스마트워킹 컨설턴트, 팟캐스트 운영자(전문 인터뷰어), 1인 기업 매니저(액셀러레이터) 등 다양한 직업을 가졌다. 직장에 계속 다녔다면 상상도 못할 일이다. 잘하는 분야에서 전문성을 쌓고 그 경험을 펼치며 지금도 여전히 성장하고 있다.

직장과 직업의 차이

	직장	직업
특성	1. 취업 또는 취직이 되어야 함 2. 일하는 장소가 필요함 3. 직책과 타이틀이 있음	1. 전문성과 기술이 필요함 2. 독립해 살 수 있어야 함 3. 내가 곧 직장임
기간	길어야 30년	평생

(출처: 《쿨하게 생존하라》)

점점 더 다양한 분야에서 1인 기업이 나오리라 예상된다. 최근에는 유튜브를 기반으로 한 1인 미디어 시장이 커지면서 '유튜버'라고 불리는 1인 미디어가 속속 나타나는 것은 물론, 이를 홍보와 마케팅의 기본으로 삼는 1인 기업도 등장하는 등 개인이 기업을 운영할 수 있는 환경도 좋아졌다.

그러나 자신만의 직업을 갖고 생활하더라도 본인이 추구하는 가치와 다르다면 그 일을 지속적으로 하기는 어렵다. 좋은 직업은 삶의 가치와 잘 맞아 행복감을 느낄 수 있는 일이다.

2014년에 〈포브스Forbes〉는 "2020년이 되면 미국에서 일하는 사람의 50퍼센트는 프리랜서가 될 것이다"라고 전망했다. 현재 미국은 인구의 34퍼센트인 5300만 명이 자영업자와 프리랜서 즉, 1인 기업가로 살고 있다.

전 세계적 문제인 실업률 상승도 1인 기업이 나오도록 부추긴다. 생산 시스템의 자동화는 실업률 상승과 떼려야 뗄 수 없는 관계다. 결국 개인은 스스로 고용 문제를 해결해야 한다. 따라서 결국 1인 기업가(프리랜서)가 되어 자신의 전문성을 각각의 프로젝트로 만들어 파는 일이 보편화될 수밖에 없다.

짐 뉴턴Jim Newton 테크숍 회장은 "대기업은 신제품을 내놓는 데 보통 3년 정도 걸린다. 미래에 이들은 경쟁력을 잃을 것이다. 최근 들어 제너럴일렉트릭 같은 회사도 고객 의견을 즉시 수용해 3개월 안에 새 제품을 내놓는 등 변화하고 있다"며 "앞으로는 좋은 아이디어의 상품을 발 빠르게 제품화하는 것이 중요한 만큼 실행에 비교적 적은 시간이 걸리는 1인 기업이 주목받을 것"이라고 내다봤다.

프리랜서 시대가 올 수밖에 없는 다섯 가지 이유

1. 인터넷 서비스 시장이 확산되고 있다. 비즈니스가 웹으로 옮겨오는 중이다. 전일제 인력을 쓰지 않아도 전문 인력이 필요할 때마다 인터넷을 통해 동원할 수 있다.

2. 장소의 구애를 받지 않는 모바일 서비스 환경이 확산되고 있다. 모바일 보유자나 스마트폰 보유자는 잠재적 고용 인력이다.

3. 뛰어난 전문성을 가진 긱 이코노미Gig Economy가 성장하고 있다. 2013년 프리랜서의 수입이 1.2조 달러로 전년도에 비해 20퍼센트 증가했다.

개인이 다른 개인을 고용하기도 한다. 창업 노동 인력이 넘쳐난다.

4. 퍼스널 브랜딩은 유명인의 고유 영역이 아니다. 누구나 자신을 브랜드화할 수 있다.

5. 개인들도 기업에 예속되기보다 자신을 스스로 제어하기 바란다. 연공서열에 구속되지 않고 능력을 발휘할 수 있는 장점이 있다.

(출처: 〈포브스〉)

한국에서도 1인 기업이 늘고 있다. 2015년 통계청 발표에 따르면 1인 기업은 1년 새 11만 9000개나 늘었고(2014년에는 9만 2001개), 2~4인 기업과 5~9인 기업 수는 각각 6만 2000개, 4만 2000개씩 늘었지만 10인 이상 기업은 6000개가량 증가하는 데 그쳤다. 1인 기업이 우리 경제의 주도권을 잡을 날이 머지않았다. 따라서 우리는 조금 더 일찍 이 시대를 대비해야 한다.

참고로 2016년 1인 기업은 24만 9774개다. (중소기업청 중소기업 조사통계시스템, http://stat2.smba.go.kr/index.jsp)

chapter 1 | 직장인과
직업인

왜 1인 기업인가?

1인 기업이란 무엇인가?

—

2015년 12월부터 팟캐스트 〈나는 1인기업가다〉를 진행했다. 이 프로그램을 통해 1인 기업가는 무엇인지 정의하는 한편 1인 기업가를 초대해 애환을 듣고 정보를 공유했다. 자연스럽게 '1인 기업가' 전문가가 된 것이다. 그동안 내가 가장 자주 들었던 질문은 "1인 기업의 범위는 대체 어디까지인가?", "기존 프리랜서와 1인 기업의 차이점은 무엇인가?", "나도 1인 기업에 해당되는가?" 등이었다. 프리랜서가 아닌 1인 기업가로 구분된다고 해서 특별한 혜택이 있는 것은 아니지만 시대에 따라 정의가 달라져야 할 때다.

프리랜서	1인 기업가
스스로 시장 수요를 이끌어내기보다는 의뢰받은 일을 진행	전문 서비스를 제공하고 가치를 창출

1인 기업가 재정의
개인의 전문성을 중심으로
네크워크를 형성하며
시장과 가치를 창출하는 직업

20년 넘게 카피라이터로 일한 정철(《카피책》 등 다수의 책을 펴냈다) 씨는 프리랜서로 불릴 때보다 1인 기업가라고 불릴 때 더 긍지를 느낀다고 한다.

프리랜서와 1인 기업가의 가장 큰 차이는 '누군가의 요청에 의해 일을 하느냐' 아니면 '스스로 일을 창출하느냐'라고 볼 수 있다. 그러나 넓은 의미에서 자신의 전문성을 토대로 일하고 네트워크를 형성해 작업하는 프리랜서도 1인 기업가라고 판단된다.

또 다른 차이점은 1인 기업가는 혼자 생존하기보다 1인 이상 기업을 기반으로 네트워킹을 형성하는 스몰 비즈니스로 성장할 가능성도 열려 있다는 것이다. 기업에서 전문 분야를 가지고 일하던 직장인들이 독립하여 기업과 같이 일하며 성장하는 사례도 많아졌다. 따라서 전문성을 가진 이들이 1인 기업가로 성장할 가능성은 높다.

1인 기업에 적합한 모바일 오피스 시대

—

세상은 1인 기업에 적합한 시대로 변하고 있다. 과거에는 혼자 비즈니스를 한다는 것 자체가 터무니없어 보였으나, 이제는 할 만한 것들이 주변에 얼마든지 있다. 돈이 되느냐, 누가 사느냐를 고민하기 전에 상품을 만들어 인터넷에 선보이면 그 상품을 필요로 하는 고객을 의외로 쉽게 만날 수 있다. 온라인의 힘이다.

비즈니스를 하기 위해 과거에는 꼭 필요했던 것들도 사라지고 있다. 대표적인 것이 전화와 팩스다. 지금은 그보다 다양한 메신저로 의사소통을 한다. 그것도 실시간으로 말이다. 덕분에 메일함도 한가해졌다. 이제는 명함에 사무실 위치가 빠져 있어도 이상하지 않다. 현장 사무실이 반드시 있어야 했던 시대에서 언제 어디서든 현장과 연결할 수 있는 모바일 시대로 바뀌고 있다. 내 명함에는 당연히 사무실 주소가 없다. 평판 조회는 온라인으로 충분히 할 수 있다. 공간이 눈에 보인다고 신뢰도가 높아지는 것은 아니다.

나는 2007년에 1인 기업을 창업했다. 인터넷이 일상화되긴 하였으나 일을 하려면 일정한 공간이 필요했던 시기다. 그러나 지금은 모바일 오피스 환경 덕분에 장소에 구애받지 않고 어디서나 일할 수 있다. 집에서 멀지 않은 서울 사대문 안의 카페나 홍대 주변의 카페에서 일하다가 지금은 비즈니스 센터의 테이블을 하나 얻어 일을 한다. 일정한 공간이 없어서 겪는 불편은 거의 없다. 지난겨울 가족들과 제주도로 여행을 떠났을 때도 하루는 바다를 풍경 삼아 카페에서 일을 했다. 불편하기는커녕 잔잔한 여유까지 느낄 수 있었다. 다양한 모바일 오피스 프로그램은 즐기며 일하는 디지털 노마드족Digital Nomad族에게 최고의 선물이다. 고객을 만나기 쉬운 환경이 되었고, 사무실 세팅에 드는 비용도 없으니 아이디어와 전문성만 있다면 누구라도 개인 창업에 도전할 수 있다.

일하는 공간만 바뀐 것이 아니다. 내가 가진 상품을 온라인으로 판매하는 것도 가능하다. 지금 있는 곳이 농촌이라 해도 말이다. 이제 필요한 것은 퍼스널 브랜드와 온라인 마케팅 전략이다. 과거처럼 큰 비용이 들지 않으니 전문가 도움 없이도 얼마든지 시작할 수 있다.

직업이란
무엇인가?

직장에 가장 적합한 자가 그곳에서 살아남는다

—

무능한 상사 아래에서 일하는 능력 있는 직원은 오래 버티지 못한다. 더 좋은 직장으로 옮길 수 있어 퇴사를 결정하는 경우도 봤지만 왜 늘 이런 일이 반복되는지 궁금했다. 무능한 상사를 해고하고 유능한 부하 직원이 회사에 남는 것이 회사에 더 나은 일이라고 생각했기 때문이다. 그런데 그 답을 한 온라인 미디어에서 찾아냈다.

온라인 미디어 〈ㅍㅍㅅㅅ〉에 실린 칼럼 "왜 무능한 상사가 회사에서 잘리지 않을까?"에 따르면, 직장에 가장 적합한 자가 그곳에서 살아남는다고 한다. 조직에 맞게 적응했느냐 그렇지 못했느냐에 따

1-2 **한국 기업 문화의 문제점(2006년 초)**

상명하복의 경직된 의사소통 ██████████ 61.8%

개인보다 조직을 강조하는 분위기 ████████ 45.3%

부서 간 이기주의 ██████ 36.7%

단기 성과주의 █████ 30.7%

복잡한 보고 체계 ███ 15.7%

연공서열식 평가 ███ 15.6%

(출처: 대한상공회의소)

라 생존이 결정된다는 뜻이다. 다시 말하자면 직장에서의 생존은 능력의 유무가 아니라 그 사람이 직장에 적합한지 아닌지에 달렸다는 이야기다.

채용 정보 검색 엔진 〈잡서치〉가 2016년 3월, 직장인 644명을 대상으로 진행한 기업 문화와 직장 생활 설문조사에서 직장인에게 퇴사 생각이 들게 하는 가장 큰 요인으로 '기업 문화'가 꼽힌 것은 바로 이런 점을 잘 보여준다. 이 조사에서 직장인 53.9퍼센트가 "기업 문화로 이직이나 퇴사를 결정하게 된다"고 답했다. 직장인 세 명 중 한 명꼴인 28.5퍼센트는 "퇴사 결정의 70퍼센트 이상 요인이 기업 문화"라고 답했다.

기업의 문화와 맞지 않아 퇴사하는 사람 중 상당수는 불합리한 평가를 퇴사 이유로 꼽는다. 업무 능력에 따른 평가가 아닌 내부 정치

능력으로 업무를 평가받기 때문이라는 것이다.

2016년 3월 호 《시사인》의 〈살고 싶어서 퇴사합니다〉라는 기사에 실린 퇴사자의 고백은 우리 사회에 시사하는 바가 크다. "(내가 다니던 회사에서는) 일을 통한 성과가 아니라, 내부 정치가 곧 능력이다. 업무 내용을 설명해줘도 알아듣지 못하는 상사가 다른 이들에 비해 승진이 빠른 게 정말 이상했다. 회사 내 온갖 부서와 커넥션이 있고 본부장이 가는 술자리에 다 따라다니는 게 비법이었다."

토끼 vs. 거북이, 어떤 직장 생활을 할 것인가?

"토끼는 거북이를 보았고 거북이는 목표를 보았다"라는 글을 페이스북에서 보고 무릎을 탁 쳤다. 이 글은 토끼가 경기에서 진 이유는 잠 때문이 아니라 목표 대신 경쟁 상대인 거북이만 바라봤기 때문이라고 말한다.

직장 생활도 토끼와 거북이의 경주와 다를 바 없다. 스트레스를 주는 직장 상사만 의식하면 내 직장 생활은 상사에 의해 결정된다. 직장 생활이라는 긴 레이스를 완주할 수 있느냐 없느냐 또한 상사에 의해 결정된다. 힘들면 지쳐 나가떨어지거나 포기하기 쉽다. 거북이처럼 완주를 위해 자신만의 목표를 가져야 한다. 그리고 꾸준히 걸어야 한다.

나 역시 직장에서는 토끼처럼 살았다. 상사의 눈치를 보며 아침저

녁으로 보고하고 그의 결정을 따랐다. 이를 거역하는 일은 상상할
수 없었다. 저녁과 주말에도 직장인으로 살았기에 개인 시간이 늘
부족했지만 그래야만 하는 줄 알았다. 이런 생활에 지쳐 회사를 나
와 1인 기업가가 되면서 비로소 토끼가 아닌 거북이처럼 살게 되었
고, 스스로 나를 고용하며 진정한 직업인이 되었다.

　직장 생활을 '귀머거리 3년, 장님 3년, 벙어리 3년'이라는 속담에
빗대 표현하는 것만 봐도 그 고됨의 정도를 알 수 있다. 이 비유는
직장에서는 들어도 못 들은 척, 봐도 못 본 척 언행을 조심하라는 의
미다. '메신저 감옥'이라는 말은 퇴근해도 때와 장소를 가리지 않고
울려대는 메신저에서 나왔다. 사무실을 벗어나도 일과 상사로부터
벗어나지 못하는 현실을 표현한 말이다. '출근충'이란 말도 있다. 출
근과 벌레 충蟲 자를 합친 말로 이른 새벽에 출근해 밤늦게까지 일하
면서도 박봉에 시달리는 직장인을 조롱하는 표현이다. 직장인들의
현실을 압축적으로 나타내는 재치 있는 표현들이지만 마냥 웃기에
는 씁쓸하다.

직장인의 바람, 일찍 집에 가고 싶다

어느 회사에서 직원들에게 사훈 공모를 했다. 1등으로 뽑힌 사훈은
"일찍 집에 가고 싶다"였다. 아마 모든 직장인의 바람이 아닐까 싶은
내용이다. 출근 시간은 9시로 정해져 있지만 퇴근 시간은 6시가 아

니다. 저녁을 먹고 다시 들어와 저녁 9시 내지 10시까지 잔업을 하고 퇴근하는 것이 일반적이다. 집은 옷을 갈아입고 잠만 자는 장소 정도로 치부될 만큼 회사를 위해 보내는 시간이 길다.

흥미로운 책《아, 보람 따위 됐으니 야근 수당이나 주세요》(히노 에이타로 지음, 양경수 그림, 이소담 옮김, 오우아, 2016)에서 직장은 가혹할 만큼 강도 높은 업무를 지시하면서 그에 적합한 임금은 주지 않는 곳으로 그려진다. 통상 직장에서는 돈도 받지 못하고 일하는 '서비스 야근'이 당연시되기 때문이다.

한국 직장인의 노동시간은 OECD 회원국 34개국 중 2위다. 2015년 한국 노동자는 연간 2113시간을 일했고 이 시간은 OECD 평균보다 주당 6.8시간 길다. 버릇처럼 야근을 하는 것이다. 그런데 생산성은 무척 낮다. '긴 노동시간과 낮은 생산성'이라는 결과는 기업 문화에서 비롯된다. 우리나라의 노동 생산성은 독일의 절반에 불과하다. 더 긴 노동시간을 투자하지만 독일에 비해 효과는 절반, 결과적으로 생산성은 네 배 차이가 난다.

나는 이런 비효율적인 노동 생산성 문제를 1인 기업이 해결할 것이라고 내다본다. 자신이 원하는 직업을 찾으면 일에 대한 가치도 높아질 것이다. 또한 대기업 위주의 취업 환경에서 벗어나 다양한 직업군이 공존하는 생태계가 만들어질 것이다.

1-3 OECD 주요국 전체 취업자 1인당 연평균 노동시간(2015년)

멕시코	2,246시간
한국	2,113시간
그리스	2,042시간
칠레	1,988시간
폴란드	1,963시간
아이슬란드	1,880시간
포르투갈	1,868시간
이스라엘	1,858시간
에스토니아	1,852시간
아일랜드	1,820시간
미국	1,790시간
일본	1,719시간
영국	1,674시간
프랑스	1,482시간
독일	1,371시간
OECD 평균	1,766시간

(출처: OECD)

회사는 전쟁터, 밖은 낭떠러지다?

—

직장인은 '회사는 전쟁터'라고 한다. 그러나 회사 밖은 낭떠러지다. 그러니 전쟁터에서 어떻게든 버티려 애쓰는 것이 현실이다.

하지만 회사 밖을 경험하고 살아가는 사람들은 현실은 낭떠러지가 아니라 '새로운 평야'라고 말한다. 누가 더 열심히 살아가느냐에 따라 자신만의 영역을 차지할 수도 있고 가치도 얻을 수 있기 때문이다. 직장인이 회사 밖을 낭떠러지라고 추측하는 것은 바로 그 낭

1-4 회사 안과 밖의 차이

안	밖
전쟁터	낭떠러지
사내 정치	네트워킹
정보력	전문성
직장	직접 고용
60세 정년	평생

떠러지를 지나야만 만날 수 있는 평야를 보지 못해서다.

나도 10년 전에 회사를 나와 직업을 찾았다. 회사에서는 생계를 위해 살았지만, 이제는 어디서나 적용할 수 있는 전문성을 확보해 많은 기업에서 제안을 받는다. 스스로 이런 환경을 만들어야 한다. 회사 밖 시간이 나에게 이로운 환경이 될 수 있게 투자해야 하고, 그럴 때 전문성이 길러진다. 전문성은 당신을 살린다.

조직을 떠나기 전 준비 사항

• 조직에 대한 이해: 조직 밖에서도 조직과 일한다. 필요한 능력은 조직에서 쌓아야 한다.

• 관계 커뮤니케이션: 일을 풀어가는 능력이다. 산더미 같은 일도 대화로 조절해나갈 수 있다.

• 일하는 방법: 모든 일을 스스로 해야 한다. 체계적으로 일하는 방법을

찾고 시간 관리 방법도 고민하라.

회사는 더 이상 나를 보호해주지 않는다. 하지만 직업을 찾은 사람은 전문성으로부터 보호받을 수 있다. 좋은 직장을 찾기보다 자신의 직업을 만드는 것이 앞으로 더 도움이 될 것이다. 직장은 직업을 찾기에 좋은 곳이다. 전문성을 확보하고 외부 활동과 연계해 조금씩 영역을 확대해가야 한다. 취업 준비생의 취업은 직업을 찾기 위한 과정이어야 하지 목표가 되어서는 안 된다.

사회는 날라리를 원한다

내가 사무실로 이용하는 코워킹co-working 스페이스는 을지로에 있다. 그래서 주변 기업에서 일하는 넥타이 맨들과 식사를 자주 한다. 가장 많이 듣는 이야기는 회사 내 구조 조정과 그에 따르는 불안함이다. 기업은 한때 가족 경영을 앞세워 직원들에게 충성을 요구했으나 이제는 아니다. 고용을 보장하기는커녕 오히려 쉽게 해고할 수 있는 법을 계속 만들고 있다. 직장에서 필요 없다고 판단되면 누구의 책상이든 바로 빼버린다. 상황이 이렇다 보니 지금 직장 생활을 하는 사람들은 언제까지 회사를 계속 다닐지, 회사를 떠나 다른 직업을 준비할 시점은 언제로 잡을지 고민한다. 예전에는 퇴직금으로 치킨집을 차렸다면 요즘은 카페를 연다는데, 이것도 쉬운 일이 아니니 고민이 큰 것이다.

그나마 회사가 안전하다고 판단하는 사람들은 회사를 계속 다니기 위해 노력한다. 회사가 자신을 80세까지 고용해주지 않을 것이며 자신의 노력과 상관없이 언제든 내쳐질 수 있다는 사실을 절대로 믿지 못하거나, 달리 대안이 없어서다.

직장과 직업 사이에서 어떤 결론을 내리는 것이 옳은지에 관한 고민을 듣다 보니 학교 다닐 때 공부만 하던 친구를 상갓집에서 우연히 만났던 일이 떠올랐다. 그 친구는 당시 마흔이 넘은 나이에도 여전히 사법고시를 준비하고 있었다. 사회생활도 하지 않아 학교 다닐 때 분위기 그대로였다. 그 친구는 평범하게 사는 친구들과 대화 나누는 것조차 힘들어했다. 그런 모습을 보며 이 친구가 생계를 문제로 시험을 포기하고 갑자기 밖으로 나오면 무척 적응하기 힘들겠다는 생각이 들었다. 오히려 학교에 다니면서 다양한 교외 활동을 하던, 어찌 보면 학교생활을 '적당히 한' 친구들은 자신에게 맞는 직업과 일터를 찾아 생활하고 있었다.

다소 극단적인 예이기는 하지만 회사 생활만 했던 사람들은 여전히 공부만 하는 나의 동창과 별반 다르지 않다. 조직 내부 사정에만 신경 쓰다 보니 다른 데 관심을 쏟을 여력도 없고, 회사와 집, 집과 회사만 오가니 외부 활동이 줄어들어 인맥도 넓지 않다. 회사 밖 사람과는 교류가 거의 없고 회사 동료와 하는 이야기가 대화의 전부인 사람도 있다.

무선통신 장비를 제조하는 중소기업에서 15년간 연구원으로 근무한 분이 상담을 요청했다. 회사가 구조 조정을 하고 있어 1~2년 내로 회사 생활을 정리하고 1인 기업을 준비하려고 하는데 막막하다는 것이다. 연구원 생활에 충실하느라 외부 활동을 거의 안 해 나가서도 무엇을 할지 모르겠다고 했다. 40대 초반의 가장이라 위험 부담이 크지만 가만히 있으면 앞으로 더 큰 문제가 생길 것 같아 어려운 결정을 내렸다며, 조직에서는 준비가 어려울 듯해 회사를 떠나 1년 동안 1인 기업을 준비할지 고민 중이라고 털어놨다.

반면에 외부 활동이 많은 사람은 다르다. 그들은 여러 관계를 통해서 자신의 역량을 객관적으로 평가하고 파악한다. 그리고 부족한 부분을 채우기 위해 전문가를 만나 실력을 키운다. 회사에서는 "저 친구는 퇴근하면 볼 수가 없고 뺀질나게 나다닌다"고 일명 '날라리'라 하겠지만, 이런 사람이 지금 직장에서도 생존 가능성이 높다. 자신의 역량을 높이기 위해 노력하면서 전문성을 인정받기도 하고, 자신의 일을 찾아 곧 제 역할도 하게 된다.

직장형 인간으로 살면 조직 내 작은 변화에도 예민하게 반응해 몸부터 사리게 된다. 회사에 충성하느라 개인의 전문성 배양을 소홀히

여길 수도 있다. 그러나 날라리는 다르다. 회사뿐 아니라 외부 상황
도 함께 고려해 결국 자신에게 이로운 결정을 내린다.

　나 역시 지금 생각해보니 회사 생활을 할 때는 날라리였다. 외부
활동을 하며 배운 것을 조직에도 적용했고 이를 통해 얻는 결과에
스스로도 크게 만족했다. 날라리였지만 회사에서도 할 수 있는 일은
적극적으로 나서서 해 인정도 받았다. 결국 더 큰 목표를 품게 되면
서 새로운 일을 찾아 10년째 1인 기업가로 살아가고 있다.

나에게 일이란 무엇인가?
—

유튜브 공동 창업자 스티브 첸[Steve Chen]은 구글에 유튜브를 거액에 매
각해 화제가 됐던 인물이다. 유튜브를 매각한 후 그는 구글을 떠나
인터넷 회사 아보스[AVOS]를 창업했다. 그는 해산물 레스토랑 2층에
위치한 약 60평 규모의 장소에 새 사무실을 차렸는데, 탕비실이 따
로 없어 화장실에서 컵을 씻어야 하는 불편한 곳이었다. 이런 환경
에 대해 스티브 첸은 "일은 좋아서 하는 것이지 다른 무언가를 얻기
위해서 하는 것이 아니다"라고 답했다. 췌장암으로 세상을 떠난 스
티브 잡스는 암에 걸린 후에도 계속 출근했고 애플의 신제품 프레젠
테이션 무대에 나와 연설까지 했다. 건강만을 생각한다면 쉬는 것이

답이었겠지만 잡스는 그렇게 하지 않았다. 스티브 첸이 일을 대하는 태도와 통하는 부분이다.

그동안 고생해서 이룬 회사가 10억 원에 인수되어 돈이 통장에 들어왔다면 당신은 어떻게 할 것인가? 스티브 첸처럼 일할 것인가? 아니면 당장 여행을 떠나거나 하고 싶은 것을 할 것인가? 대체 우리에게 일이란 무엇인가?

일이란 무엇이고, 성취란 무엇인가?

일은 곧 삶이다. 생명을 불어넣고 즐거움을 안기는 것이다. 일하면서 만나는 사람에게 열정을 느껴 자극받고, 이야기를 하다 더 큰일을 도모하기도 한다.

10억 원이 뚝 떨어진다면 무엇을 하고 싶냐는 질문을 자주 받는다. 나는 미래의 먹거리를 찾는 사업에 투자하고 싶다. 나에게 더 가치 있는 일을 만들고 싶다는 의미다. 또한 더 치열해질 환경을 담대하게 헤쳐나갈 수 있는 힘, 전문성을 확보하고 싶다. 다시 일을 위해 투자하겠다는 의지다. 그만큼 나에게 그리고 당신에게 일은 절대적이다. 1인 기업가에게 일이란 삶의 가치이자 추구하는 목표다. 일을 하지 않는다면 '나'는 존재하지도 않을 것이고 일하지 않으면 그에 따르는 대가도 없으니 삶의 의미도 없다.

공부와 일은 다르다. 공부를 잘했다고 일을 꼭 잘하는 것은 아니다. 나는 일에 맞는 공부를 하기 좋아한다. 무작정 하는 공부에는 관심이 적지만 이것을 배워 무언가 할 수 있는 공부라면 다르다. 남들보다 조금 먼저 1인 기업가의 길을 걷기 시작한 나는 그뒤로 누군가에게 꾸준히 작은 도움을 주고 있다. 누군가를 돕는 과정은 일이자 공부다. 이처럼 일은 나를 계속 성장하게 한다.

때로는 일 때문에 피곤하기도 하다. 일찍 일어나야 하고, 하기 싫은 것도 해야 하고, 내 잘못이 아닌데도 해결책을 찾아야 하는 일이 생기기도 한다. 그렇지만 이런 경험 속에서 또 다른 나를 발견하고 성장할 수 있다.

젊을 때의 일과 나이 든 뒤의 일은 다르다. 전망도 목표도 다르다. 젊을 때는 미래의 가치를 추구하는 바가 크고 나이 든 뒤의 일은 생존과 궤를 같이한다. 살아가는 데 유일한 낙이기도 하다. 그러니 일하지 않는 삶은 재미도 의미도 없다. 1인 기업가로서의 길은 내 삶을 더 재미있고 의미 있게 만드는 가장 확실한 방법 중 하나다.

나는 왜 혼자 일하게 되었나?

여기 달리는 열차가 있다. 당신은 4호 칸에서 내려 5호 칸으로 바꿔 탈 수 있다. 그러나 열차에서 내려 두 발로 철로를 달리기는 어려운 일이다. 철로 끝이 보여도 아무런 행동도 취하지 못할 수 있다. 달리는 열차에서 내려 만나게 될 걱정과 두려움이 크기 때문이다.

달리는 열차에서 내리지도 못하지만 편하게 있지도 못하는 모습, 요즘 30~40대 직장인의 모습이다. 학교를 졸업해 직장인이 돼 여러 직장을 옮겨 다니는 것은 가능하지만 자신만의 생존법을 택하는 것은 쉽지 않다.

나는 엔지니어였다. 현장에서 경력이 쌓여 직급이 올라 관리자가 되었다. 관리자가 된 후, 현장에서 열정을 가지고 하던 일을 후배들에게 지시하는 사람이 되었다. 당연히 일에 대한 전문적인 지식은 줄고 일에서 느끼는 재미와 가치도 반감되었다. 열정을 가지고 즐겁게 일했던 시간을 생각하면서 다시 나의 일을 찾아 돌아가고 싶었다. 그것을 위해 독립했다. 그러나 많은 사람이 두려움 때문에 달리는 열차에서 선뜻 뛰어내리지 못한다. 그리고 어딘지 모를 종착역을 향하는 열차를 타고 무작정 달려간다.

디지털 헬스케어 연구소 최윤섭 소장은 기존 조직의 불합리성, 비효율성, 경직성 때문에 회사를 나왔다고 한다. 지도 밖의 길을 걸으며 대안적인 삶의 가능성을 모색해보고 싶다는 오랜 소망도 작용했다. 용기가 필요한 두려운 일이었다. 어떤 사람은 응원을 보냈고, 어떤 사람은 만류했으며, 어떤 사람은 비웃었다. 그래서 최 소장은 "나는 왜 조직을 나왔는가?"라는 질문에 답하기 위해 본질에 집중했다고 한다. 한 번뿐인 인생을 낭비하고 싶지 않았기 때문이다.("[토론] 1인 기업가 준비와 운영 (with 최인호, 최윤섭, 조은진)", 〈나는 1인기

업가다〉, 16편 1부)

그렇다면 나는 왜 안전한 직장을 버리고 혼자 일하게 되었나?

첫째, 불필요한 일에 너무 많은 시간을 사용하는 것이 싫어서다. 가장 대표적인 것이 회의다. 매주 월요일 전체 회의로 시작해 부서별 회의, 매출 회의, 프로젝트 회의까지, 점심을 시켜서 먹어야 할 정도로 회의가 이어진다. 이 회의를 준비하기 위해 보고서 작성에 드는 시간도 낭비다. 보고서를 작성하기 위해 팀원들에게 또 보고서를 받아야 하고, 외부 팀과 협의해야 하는 자료와 업무 조율에 상당한 시간이 소비된다. 일과 큰 상관이 없는 회의를 위해 내가 존재하는 것인가 하는 생각이 들 정도다. 회의에 치여 특별히 한 일도 없이 오후 4~5시가 되고 이 시간이 되면 피곤해서 아무것도 못할 지경에 이른다. 이런 과정이 반복되면서 직장 생활에 회의를 느꼈다.

둘째, 평생 일할 수 있는 직업을 찾고 싶었다. 직장은 다니지만 전문성은 계속 떨어지고, 80세가 넘어서도 현장에서 생존할 수 있는 직업이 무엇일까 고민했다. 내가 내린 결론은 스스로 직업인이 되는 것이었다. 나의 전문 분야와 평생 직업의 합집합을 찾았다. 오랜 고민 끝에 전문 작가와 강사로 직업을 구체화했다. 그렇게 시작한 것이 블로그였다. 꽤 오랜 시간 동안 나는 '혜민아빠'라는 필명으로 IT, 책 등 다양한 분야의 이야기를 블로거로서 세상에 내놓았다. 블로그 운영은 꾸준히 글을 쓰는 계기가 되었고 자연스럽게 콘텐츠가 쌓여 책도 출간하게 되었다.

  나 역시 처음 열차에서 뛰어내리기는 힘들었다. 그러나 철로에 내려와 걷다 보니 충분히 혼자 걸을 수 있다는 것을 확인했고, 이렇게 11년 차 1인 기업가로 좌충우돌 생존해 있다.

미래의 직업상

직업에도 유통기한이 있다

—

식품에만 유통기한이 존재하는 것이 아니다. 직업에도 유통기한이
존재한다. 영원할 것만 같던 직업 중에는 문명과 기술의 발전으로
사라진 직업이 적지 않다. 현재 기세등등한 직업도 언제 사라질지
알 수 없다.

옥스퍼드 대학의 칼 베네딕트 프레이[Carl Benedikt Frey] 교수와 마이클 A.
오스본[Michael A. Osborne] 교수는 〈고용의 미래: 우리의 직업은 컴퓨터화
에 얼마나 민감한가〉라는 보고서에서 자동화의 기술 발전으로 20년
이내 현재 직업의 47퍼센트가 사라질 가능성이 크다고 예측했다.

그들은 택시 기사는 물론 판사와 경제학자도 언젠가 사라질 직업이며 교사 역시 안전한 직업이 아니라고 말한다.

언제나 청춘일 수 없다는 것도 생각해야 한다

대표적인 1인 기업가 김호 대표는 "마트의 우유에만 유통기한이 있는 게 아니라 우리 커리어(직업)에도 다 유통기한이 있다"고 《쿨하게 생존하라》에 적시했다. 그는 지금 잘하는 일을 나이가 들어서도 똑같이 잘할 것이라고 속단하지 말라고 한다. "지난 10년 동안 잘해왔고 현재도 아주 액티브하게 하는 코칭이나 워크숍을 언제까지 할 수 있을까? 보통 워크숍을 8~16시간 동안 한다. 이렇게 이틀을 꽉 채워 일하면 몸이 엄청 지친다. 지금처럼 일할 수 있는 것은 아마도 50대 중반 정도까지일 것이다. 지금 40대 중반이니 10년밖에 안 남았다. 그러면 어떤 준비를 해야 할까? 일대일 코칭을 늘려야 한다. 그동안 워크숍 비중이 더 높았다면 일대일 코칭을 조금씩 더 늘려가야 한다고 본다."("쿨하게 생존하라 김호대표, 1인기업가 스토리", 〈나는 1인기업가다〉, 6편 2부)

김 대표는 사람들이 쉽게 간과하는 체력 부분도 직업을 고민할 때 반드시 고려해야 한다고 지적한다. 나이가 들면서 생기는 변화를 예상하고 적응하면서 지속적으로 일할 수 있는 방법을 찾아야 한다.

IT 업계에 오래 있으니 기술의 발전을 몸으로 느낀다. 과거에는

5년 걸렸던 기술 진보가 3년, 2년, 1년 주기로 점점 짧아진다. 그런데 변화를 따라가는 것이 점점 벅차다. 매년 관련 분야의 책을 집필했는데 앞으로는 주제를 달리해야겠다는 생각이 들고, 변화하지 않는다면 생존이 어렵다는 것을 다시 한 번 절감한다.

지금은 강의와 집필을 왕성하게 할 수 있지만, 나이가 들면 빠르게 변하는 새로운 IT 트렌드 기술을 익히고 적용하기 어려울 것이다. 따라서 나는 경험으로 쌓인 노하우가 필요한 작업 방식이나 인사이트가 있는 기술 부분으로 전환해나가려고 한다.

남는 직업, 사라지는 직업

"삼성에서 김 부장, 박 과장이 사라진다"는 기사를 읽었다. 5단계인 사원 직급 체계를 3~4단계로 간소화한 것이다. 승진과 보상 차원으로 직급은 남았지만 호칭이 통일되면서 실제로 직급을 부를 일은 없어졌다고 한다. 상무 이상 임원은 적용 대상에서 제외했지만 다른 기업의 롤 모델이 되는 삼성의 이 같은 변화는 시사하는 바가 크다. 직위가 아닌 직급 체계로 변경하며 중간 단계가 줄어든다는 것을 의미한다. 앞서 언급한 〈고용의 미래〉 보고서에 따르면 급속한 기술의 발전으로 중간 관리자가 사라질 것이라고 전망했는데 벌써 이런 변화가 시작된 것이다.

2016년 알파고를 앞세워 등장한 AI는 많은 노동자에게 시련이 되

고 있다. 로봇의 발전에 따라 많은 노동자가 일자리를 잃어버릴 것
이라는 사실을 예상할 수 있기 때문이다. 한 예로 페이스북과 구글
은 엄청난 매출에도 불구하고 일자리 창출 효과가 과거 제조업에 비
해 미미한 수준이다.

미래에 사라질 직업군은 어떤 것인가? 회사의 중간 관리직이다.
지금까지 조직의 위계 서열 시스템에서 아래로 정보를 전달하는 일
을 해왔던 인력이 내부 IT 인프라의 발달로 원활한 소통을 할 수 있
기에 그 역할이 줄어들게 된다.

기획자도 비슷하다. 직무는 남지만 기획자 업무만으로 생존하기
는 어렵다. 점점 디자이너와 개발자가 기획 업무를 함께하면서 굳이
기획자만 찾을 필요가 없어졌기 때문이다. 조직이 크다면 모를까,
그렇지 않은 조직에서는 기획을 병행하는 전문직종이 늘고 있다.

로봇과 자동화로 사라질 직업군

우리의 기억에 있지만 사라진 직업을 하나 꼽자면 버스 안내원이 있
다. 대중교통에 적용된 기술 발전이 버스 안내원의 자리를 대신한
지 오래다.

나는 2002년에 한 IT 기업에서 소프트웨어 엔지니어로 활동했
다. IT가 급부상하면서 사회 전반적인 영역에서 활용도가 높아지고
큰 성장을 했지만, 어느 시점부터 제품의 완성도가 높아지고 안정

성이 확보되면서 엔지니어에 대한 필요성이 서서히 줄어들기 시작했다. 제품이 많이 팔려 여러 곳에서 우리 회사의 제품을 사용하는데도 관련 엔지니어의 수요는 줄어들었다. 기술의 발전이 엔지니어의 전문성을 대신한 것이다. 관련 산업은 성장하지만 직장인은 위기에 내몰리는 현상을 쉽게 이해할 수 없었다. 그러던 중 우연한 기회에 클라우드를 기반으로 한 기술의 발달로 10년 후 업무 환경이 달라진다는 것을 알게 되었고, 이를 미리 준비해야겠다고 생각해 새로운 직업을 찾아 나서 지금에 이르렀다. 지금도 IT 업계에서 어떻게 해야 할지 막연해하는 사람들을 많이 본다. 자리를 지키려는 자신의 의지가 아무리 강해도 어쩔 수 없이 직장을 털고 나와야 할 때가 올 것이다.

그럼 미래에 사라질 직업은 무엇이 있을까? 다음에 나오는 1-5를 참고하라. 사라진다는 것은 대부분 로봇이나 자동화로 그 직업이 대체된다는 의미이기도 하다.

생존에는 준비와 노력이 필요하다

—

주변에서 "1인 기업은 안 돼. 어떻게 혼자서 생존할 수 있겠어? 절대 생존할 수 없는 시스템이야"라고 단정 지어 말하는 사람을 자주

1-5 자동화 대체 확률 높은 직업과 낮은 직업(2016년)

자동화 대체 확률 높은 직업 상위 30		자동화 대체 확률 낮은 직업 상위 30	
순위	직업명	순위	직업명
1	콘크리트공	1	화가 및 조각가
2	정육원 및 도축원	2	사진작가 및 사진사
3	고무 및 플라스틱 제품 조립원	3	작가 및 관련 전문가
4	청원 경찰	4	지휘자·작곡가 및 연주가
5	조세 행정 사무원	5	애니메이터 및 만화가
6	물품 이동 장비 조작원	6	무용가 및 안무가
7	경리 사무원	7	가수 및 성악가
8	환경미화원 및 재활용품 수거원	8	메이크업 아티스트 및 분장사
9	세탁 관련 기계 조작원	9	공예원
10	택배원	10	예능 강사
11	과수 작물 재배원	11	패션 디자이너
12	행정 및 경영 지원 관련 서비스 관계자	12	국악 및 전통 예능인
13	주유원	13	감독 및 기술 감독
14	부동산 컨설턴트 및 중개인	14	배우 및 모델
15	건축 도장공	15	제품 디자이너
16	매표원 및 복권 판매원	16	시각 디자이너
17	청소원	17	웹 및 멀티미디어 디자이너
18	수금원	18	기타 음식 서비스 종사원
19	철근공	19	디스플레이어 디자이너
20	도금기 및 금속 분무기 조작원	20	한복 제조원
21	유리 및 유리 제품 생산직(기계 조작)	21	대학 교수
22	곡식·작물 재배원	22	마술사 등 기타 문화 및 예술 관련 종사자
23	건설 및 광업 단순 종사원	23	출판물 기획 전문가
24	보조 교사 및 기타 교사	24	큐레이터 및 문화재 보존원
25	시멘트 석회 및 콘크리트 생산직	25	영상 녹화 및 편집 기사
26	육아 도우미(베이비시터)	26	초등학교 교사
27	차 관리원 및 안내원	27	촬영 기사
28	판매 관련 단순 종사원	28	물리 및 작업 치료사
29	새시 제작 및 시공원	29	섬유 및 염료 시험원
30	육류·어패류·낙농품 가공 생산직	30	임상 심리사 및 기타 치료사

(출처: 한국고용정보원)

본다. 정말 그럴까?

일하는 환경이 달라지면서 혼자서도 체계적으로 성장할 수 있는 시장이 열렸다. 하지만 진화하는 환경에 비해 1인 기업가들이 필요로 하는 정보와 노하우가 부족한 것은 사실이다. 1인 기업 창업도 일반 기업 창업처럼 준비 과정과 운영 노하우가 공유되고 네트워킹이 확대되어야 한다.

또한 준비하는 사람 역시 철저하게 준비해야 한다. 1인 기업은 자신만의 업을 찾는 것이다. 자신의 전문 분야가 명확해야 함은 물론이고 해당 분야에 진출하기 위해서는 최소 2~3년을 투자해야 한다. 그러면 5년 정도 생존할 수 있다. 따라서 지속적으로 생존하려면 자신의 전문 분야에 지속적이고 반복적으로 투자해야 한다.

1인 기업가가 되기 위해 갖춰야 할 필수 조건 세 가지

첫째, 정보력이다. 혼자 일하면서 가장 소홀하기 쉽고, 가장 어려운 부분이 다양한 정보 수집이다. 1인 기업가는 노하우가 필요한 만큼 자신의 일과 관련해서 다양한 경로로 정보를 수집할 수 있어야 한다. 이 정보를 토대로 상품을 만들고, 퍼스널 브랜드 전략을 짜고, 온라인 마케팅 전략을 수립할 수 있어야 한다. 그리고 그것을 철저하게 사업으로 풀 수 있어야 한다.

둘째, 네트워킹이다. 혼자 일하는 것은 장점이자 단점이다. 단점을 해결하는 방법 중 하나는 네트워킹이다. 직원을 따로 둘 수 없다면 외부 직원이 필요하며, 이것이 단점을 극복할 수 있는 해결책이다. 물론 혼자서도 생존할 수 있다. 그러나 협업을 한다면 비지니스 영역을 확장하는 데 큰 도움이 된다. 잘 짜인 네트워킹은 일반 기업과의 경쟁에서도 이길 수 있는 힘이 된다.

셋째, 스마트워킹 전략을 짜야 한다. 기동성을 갖추기 위한 필수 조건인 모바일 오피스 환경을 마련해야 한다. 이것을 위해서는 스마트워킹 전략이 필수적이고, 이로써 협업 체계를 보다 쉽게 구축할 수 있어야 한다. 혼자 모든 일을 처리해야 하는 만큼 체계적인 업무 진행과 자료 관리도 필수적이다. 온라인과 오프라인에서 자신에게 필요한 스마트워킹 전략을 구축하는 것은 업무의 효율성을 높이는 데 필수 조건이다.

출근은 필요 없다
—

나는 2001년에 잠시 프리랜서 생활을 했다. 그 당시에는 정해진 공간이 없으면 일을 하는 게 불가능했다. 1인 기업가가 되기 위해 사무실 임대가 필수였던 것이다. 그러나 지금은 모바일 오피스 환경을 구축하기가 수월하다. 따라서 업무를 보기 위해 반드시 출근해야 하는가 하는 질문에 "그렇다"고 말하는 것은 정답이 아니다. 이제 어디든 사무실이 될 수 있기 때문이다.

2007년, 다시 1인 기업가로 뛰어들 당시에는 공동 사무실을 썼다. 그러나 모바일 환경이 시작된 2009년부터는 본격적으로 카페에서 모바일 오피스 환경을 구축했다. 사무실이 아니더라도 원하는 온라인 업무 환경을 만들 수 있고, 클라우드 서비스(온라인 저장소)를 사용하면 어디서나 동일한 업무 환경을 구축할 수 있었다. 장소의 제한 없이 일할 수 있다는 것은 1인 기업가에게 비용이나 효율 면에서 매우 합리적인 결정이다.

온라인 모바일 오피스 환경은 1인 기업뿐만 아니라 중소기업에서도 가능하다. 국내 스타트업 기업에서 여러 시도를 해보고 있는데, 사무실로 출근하는 대신 재택근무를 하도록 하고 출퇴근을 자율로 하는 곳이 늘어나고 있다.

해외에서는 재택근무와 더불어 원격 근무(원격지에서 장소에 구애받지 않고 언제 어디서나 업무를 수행하는 새로운 근무 방식) 환경도 일반화되고 있다. 대표적인 기업이 워드프레스를 만든 오토매틱Automattic이다. 워드프레스는 전 세계에서 가장 잘 알려진 오픈 소스 플랫폼으로서 블로그를 기반으로 한 서비스를 무료로 제공한다. 오토매틱에는 42개 국가에 모두 393명이 근무 중이다. 이들 중 약 열 명 정도만 샌프란시스코 본사에 나와 일하고 나머지 직원들은 집이나 각자가 원하는 장소에서 근무한다. 전 세계에 직원이 있는 셈이다.

원격 근무의 가장 큰 특징은 사내 정치가 없다는 점과 점심 식사를 누구랑 해야 하는지, 업무 스타일을 어떻게 해야 하는지 걱정할 필요가 없다는 점이다. 오직 업무의 본질에만 신경 쓰고 일한다. 따라서 가정과 직장 생활 간의 균형을 유지하기 수월하고, 근로자에게 유연성을 부여해 언제 어디든지 최고의 생산성을 발휘할 수 있는 곳에서 업무를 수행할 수 있다. 이를 통해 근로자들의 행복 지수가 올라가고 자연스럽게 생산성도 높아진다.

도요타는 2016년 8월부터 전체 직원의 35퍼센트에 해당하는 사무직과 연구직 2만 5000명을 대상으로 전면적인 재택근무 제도를 도입했다. 생산직을 제외한 대부분의 직원이 주간에 두 시간만 회사에 나오고 나머지는 집에서 근무한다는 파격적인 실험이다. 육아나 간병 문제로 마지못해 회사를 그만둬야 하는 유능한 직원들을 붙잡아두겠다는 포석이다. 나는 이처럼 유연한 근무 체계를 점차 많은 기업에서 시행할 것이라고 예상한다.

디지털 헬스케어 연구소 최윤섭 소장은 "내가 앉는 곳이 사무실"이라면서 "우리 연구소의 위치는 일정하지 않다. 서류상으로는 우리 집의 작은 서재에 위치하지만, 때로는 달리는 버스 안이나 집 근처의 카페, 가끔은 피트니스 센터에 있기도 한다. 만약 머릿속으로 일 생각을 하고, 논문을 읽고, 글을 쓰고, 토론한다면 그곳이 바로 우리 연구소가 위치한 곳이다. 반대로 내가 서재에 앉아 있더라도 놀고 있다면, 그 순간은 지구상 어디에도 우리 연구소는 존재하지 않는 것이 된다"("[토론] 일하는 장소 선택과 일하는 방법 (with 최윤섭, 최인호)", 〈나는 1인기업가다〉, 21편 1부)고 말한다.

별도의 공간을 마련하기보다 아침에 눈을 떠 커피 한 잔을 들고 책상에 앉으면 일이 시작된 것이다. 이게 바로 출근이다. 따로 출퇴근해야 하는 불편함도 없고, 옷에 신경 쓸 필요도 없다. 자신에게 필요한 시간을 최대한 활용할 수 있으니 1인 기업가에게 사무실 출근은 오히려 번거로울 수 있다.

새로운 방식으로 업무를 하는 디지털 노마드족은 전 세계를 여행하며 원하는 공간에서 일을 한다. 노트북 하나 들고 세계 이곳저곳을 누비며 여행과 일을 동시에 한다는 매력이 젊은이들을 사로잡고 있다. 코워킹 스페이스는 이들에게 삶과 여행을 동시에 누릴 수 있게 해준다. 디지털 노마드족이 가장 좋아하는 사무 공간은 '서프 오피스Surf Office'라고 한다. 서프 오피스는 스페인과 포르투갈 해변에 주로 있으며 하루에 10만 원 미만의 돈을 내면 사무 공간과 숙소, 식사를 제공하고 업무 후에 파도타기 수업을 받을 수 있다고 한다. 이처럼 미래 업무 환경은 우리가 꿈꾸는 방향으로 얼마든지 변화한다. 오는 2020년이면 직장인 중 70퍼센트가 그동안 책상에서 하던 일을 원격 근무로 하게 될 것이라는 전망도 나오는 것을 보니 가까운 미래에는 직장이나 직업 때문에 이사를 해야 할 필요가 없어질 것 같다.

출퇴근 없이 일할 때의 주의 사항은 역시 자기관리다. 어떤 통제도 없이 24시간 자유롭게 생활하다 보면 업무 관리에 어려움이 생길 수밖에 없다. 자기 통제 능력이 부족하다면 통제가 가능한 공간과 그렇지 않은 공간을 번갈아 다니면서 해결책을 찾아야 한다.

chapter 2

1인 기업
준비하기

나는 1인 기업가가
될 만한가?

1인 기업을 위한 준비와 전략: 시간부터 확보하라
—

예비 1인 기업가들이 가장 많이 하는 질문은 "어디서부터 어떻게 시작해야 하는가"이다. 직장 생활을 하지만 독립을 꿈꾸는 사람들은 어느 정도의 준비 과정을 거치고 1인 기업을 시작해야 하는지, 직장에서 하는 일을 그대로 직업으로 만들 수 있을지 가장 궁금해한다. 시작하기는 해야겠는데 어떻게 해야 할지 몰라 나오는 질문이다. 많은 1인 기업가와 만나서 이야기해보면, 겨우 몇 개월을 준비했는데도 잘된 사례가 있는 반면 조직을 떠나 1년 넘게 준비만 하다 다시 직장으로 돌아간 사례도 있다.

짧은 준비 기간에도 성공한 경우는 해당 분야에 대한 전문성은 기본으로 갖추고, 여기에 더해 그 분야에 발생하는 문제를 해결해주는 상품을 만들었거나, 시장에 적절한 상품 가치를 파악하고 뛰어든 경우이다. 일하려는 분야를 완벽하게 이해한 것이다. 반면에 1년 넘게 준비하고 심지어 사업을 시작했다 하더라도 자신의 전문성, 일의 방향, 가치보다 매출과 수익에 관심을 집중한 경우는 다시 회사로 돌아가는 경우가 빈번했다.

1인 기업가로 생활하고자 할 때는 '잘하는 것'과 '하고 싶은 것(좋아하는 것)'의 경계를 잘 알아야 한다. 초기에는 잘하는 것에 접근해야 한다. 나는 10년 넘게 윈도우 시스템과 보안 관련한 일을 했었기에 1인 기업 초기에는 그런 분야로 중심을 잡았다. 그 당시 지인의 도움으로 한두 가지 제품을 1~2년간 취급했다.

처음 1인 기업을 시작했을 때는 일보다 우선 상황에 적응하는 것이 필요했다. 정해진 시간에 맞춰 일하지 않는다는 것은 자유로움과 불안감을 동시에 주었다. 그래서 독립 첫 해에는 잘하는 일에 집중하고, 이후에 하고 싶은 일을 조금씩 시도해보았다. 이렇게 2년을 보내니 수입이 늘어나 하고 싶은 일에 더 많은 시간을 배분했다. 이전 집필 경험을 토대로 독립 4년 차부터는 해당 분야의 책을 출간했고 관련 분야에서 인정받기 시작했다. 안정을 찾은 후부터는 매년 한 권씩 책을 펴냈다. 최근에는 온라인과 오프라인을 연결하고 전문가와 고객과의 만남을 늘려가고 있다. 고객이 필요로 하는 것을 제대로 파악한 후 변화의 방향을 잡아야 한다는 것을 깨달았기 때문이다.

1인 기업가 11년 차가 되면서 깨달은 것은, '꾸준하게 잘하는 일도 평생 할 수는 없다'는 사실이었다. 즉, 시대가 변하면 사회에서 요구하는 산업 트렌드도 변화하므로 그에 맞게 자신의 일을 재설계해야 한다는 것이다. 그래야만 지속적으로 일할 수 있다. 이런 변화 속에서 1인 기업이 살아남는 데 중요한 진리 하나는 전문성을 갖추어야 한다는 것이다.

1인 기업가로 생존하기 위해서는 장기적인 목표를 세우고 미래를 설계해야 한다. 트렌드 변화에 유난히 민감한 영역은 피하는 것이 좋고, 2~3년마다 변화에 따라 새로운 영역을 재설계할 수 있는 능력을 갖춰야 한다. 사회적 현상에 영향받아 문제가 발생할 소지가 크기 때문이다.

나는 1인 기업 준비 과정에서 10년 넘게 해오던 직업이 아닌 새로운 직업을 찾아 나섰다. 그때는 IT 엔지니어였으나 5년 후를 예상해 보니 기술 발달로 생존 가능성이 떨어질 것 같았다. 기왕 시작하는 거 80세가 넘어서도 일할 수 있는 분야를 알아보자고 생각했고, 남들보다 좀 더 일찍 나에게 적합한 분야를 찾기 시작했다. 완벽한 직업을 찾기 위해 독립한 2~3년 동안은 기존에 해오던, 전문성을 인정받았던 분야의 일을 해서 지속 가능한 삶을 보장받았다. 내가 1인 기업을 준비하고 전략을 짤 때 바탕으로 삼았던 원칙은 아래와 같다.

첫째, 매일 일정 시간을 꾸준하게 투자한다.
둘째, 지식 습득을 위해 뉴스를 보고 독서를 한다.
셋째, 직장 외 외부 행사에 정기적으로 참여한다.
넷째, 전문가와 선배의 연결을 확대한다.
다섯째, 브랜드 확대를 위해 외부 행사에 참여한다.

초기부터 많은 시간을 투자하기는 힘들다. 창업 3년 전부터 하루 한 시간 정도라도 평생 할 직업에 시간을 투자하라. 출퇴근 시간, 일상에서 흘려보내는 시간부터 활용하라. 시간을 점차 늘려 두 시간으로 만들어야 한다. 시간만 늘리는 것이 아니다. 수익도 함께 늘려야 한다. 즉, 시간을 쓰는 만큼 수입도 발생해야 한다. 경험상 외부 수입이 월급의 70퍼센트 정도에 이르면 본격적으로 새 직업에 몰두해도 좋다.

물론 '창업 3년 전 한 시간, 창업 1년 전 세 시간' 공식은 이상적일 수 있다. 나는 직업을 완전히 바꾸고 싶어 준비 과정을 달리했다. 더 많은 공부가 필요했기 때문에 장기적으로 준비할 필요가 있었다. 그렇지만 새로 하려는 일이 기존에 하던 일과 연결된다면 준비 기간은 짧아질 수 있다.

1년 전 (3시간)

2년 전 (2시간)

3년 전 (1시간)

나만의 강점을 찾자

—

1인 기업가가 되기 위한 준비 과정 중 무엇보다 중요한 것은 자신만의 강점 찾기다. 회사라는 테두리를 벗어나 혼자 생존하려면 남보다 뛰어난 것 하나는 가지고 있어야 한다. 예술가 혹은 작가 기질, 영업능력, 훌륭한 인맥 등이 없다면 직장에서의 경험을 토대로 다른 누구보다 잘하는 일 하나를 자신만의 상품으로 만들기 위해 고민해야한다. 나의 강점을 찾는 방법은 무엇일까?

첫째, 다른 사람보다 잘하는 일을 찾아라. 이때 절대적인 능력이 아닌 상대적인 능력을 간과하지 않도록 주의해야 한다. 절대적으로 우수한 능력을 찾는 것도 중요하지만 상대적으로 우수한 능력을 찾는 것이 빠를 때가 많다.

둘째, 주변을 둘러보면서 무엇이 필요한지 파악하고, 그중 잘할 수 있는 것을 찾아라. 강점을 찾을 때는 오랫동안 경험했던 분야와 관심 분야 위주로 배경을 함축해야 한다. 그래야만 좀 더 빠르게 찾아낼 수 있다. 아이디어 하나만으로 새로운 도전을 하는 것은 절대 금물이다.

여기서 지인의 고등학생 자녀 이야기를 잠깐 소개하고자 한다. 그림을 무척 좋아하는 지인의 딸은 매일같이 그림을 그렸다고 한다. 하루는 딸이 자기 그림을 스티커로 제작해 판매한다는 것을 알게 되었다. 그림 실력이 뛰어난 것도 아니고 인맥이 있는 것도 아닌데 어떻게 한 것이냐 물으니, 블로그에 올린 그림을 보고 사람들이 요청해서 시작했다고 말하더란다. 온라인으로 연결된 세상에서는 내 상품을 필요로 하는 사람을 찾는 것이 생각보다 어려운 일이 아님을 보여주는 단적인 예다.

직장 생활 5년 차 정도의 경험이 있다면 누구나 자신만의 강점을 충분히 가지고 있을 것이다. 다만 아직 발굴되지 않았을 뿐이다. 아직도 자신의 강점을 모르겠다면 아래 방법대로 해보기를 추천한다.

첫째, 지금 하는 일을 객관적으로 분석하라. 10년 넘게 직장을 다녔다면 어느 정도 해당 분야의 전문가다. 하는 일을 마인드맵 등으로 정리해 다시 살펴보라. 본인이 분석하기 힘들다면 주변 사람들에게 자신이 하는 일을 소개하고 평가를 요청하라. 생각지도 못한 중요한 것을 깨닫게 될 테고, 이런 경험을 통해 새로운 직업을 만날 수 있다.

둘째, 전문가를 찾아가라. 나의 강점을 찾았다면 이제 전문가를 만날 때다. 특히 강점이 아이디어보다 경험 위주라면 지금보다 체계적으로 자기 자신을 만들어야 한다. 이때 전문가와의 상담은 강점을 완성키는 데 효과적이다. 시장에서 얼마나 강점을 가지는지 파악하고 퍼스널 브랜드 전략도 세워야 하며 온라인 마케팅 전략을 짜는 것까지 단계별로 완성해야 한다.

비주얼 씽킹 전문가이자 J비주얼스쿨을 운영하는 1인 기업가 정진호 씨는 회사를 다닐 때 직원의 역량을 강화하는 업무를 했다. 그는 직원 교육을 진행하기 위해 익혔던 마인드맵 교육을 본인이 잘할 수 있는 분야로 확장했다. 또 하루에 한 시간씩 투자해 그림을 배웠는데, 시간이 쌓이면서 실력도 함께 늘어 지금은 일반인들을 대상으로 그림 교육을 한다. 회사에서의 경험과 본인의 관심 분야를 연계해 1인 기업가가 된 것이다.

현명한 사람에게 회사는 돈을 받으면서 가능성을 펼칠 수 있는 좋은 공간이다. 밖에서 회사와 같은 환경을 조성하려면 비용도 발생할 뿐 아니라 애초에 만들기도 쉽지 않다. 1인 기업가로 성장하기 위해서는 회사 업무를 대할 때 긍정적인 태도를 보여야 한다. 이 긍정성을 기반으로 자신의 강점을 찾는다면 회사에도 큰 도움이 된다. 이처럼 회사가 개인에게 전문가로 살아갈 가능성을 만들어주기도 하는데, 이런 기회를 놓치고 나오는 경우가 많다. 회사에서 능력을 충분히 발휘하면 좋은 기회를 얻을 수 있다는 사실을 결코 잊어서는 안 된다.

자신만의 색깔, 고유한 퍼스널 브랜드를 가져라
—

1인 기업은 개인의 전문성을 토대로 비즈니스 성패가 갈린다. 전문성을 확보하지 않고 뛰어들면 성장하지 못한다. 계속되는 취업 실패로 창업하겠다는 마음을 먹는 것은 매우 어리석은 일이다. 1인 기업으로 성공하기 위해서는 전문 분야에서 실력이 뛰어나다는 것을 증명받아야 한다. 전문성은 새로운 영역으로 넘어갈 때 가장 기본이 되는 출발점이다. 그리고 이 전문성을 적극적으로 알려야 한다. 자신만의 미디어를 운영하는 것은 퍼스널 브랜드 전략이자 홍보 방안이다.

나는 그 방법으로 '블로그'를 이용했다. 블로그에 나의 전문성과 관련된 글을 꾸준히 올렸다. 그러자 블로그는 자연스럽게 일과 나를 연결하는 핵심 네트워크가 되었다. 블로그에 올린 글은 콘텐츠가 되고 네트워크는 독자가 되었다. 이 두 가지를 기반으로 나는 책을 집필했다. 블로그가 나의 브랜드를 알리는 통로가 된 것이다.

1인 기업가는 결국 스스로 상품이 되어야 한다. 다른 상품이 그렇듯 일관된 브랜딩이 필요하다. 그런 의미에서 1인 기업가의 퍼스널 브랜드는 무척 중요하다. 퍼스널 브랜드란 개인의 꿈, 비전, 가치관, 매력, 장단점을 분석하여 포지션과 정체성을 수립하고 적절한 브랜딩과 채널을 통해 가치를 높이는 것이다. 무한 경쟁 시대에 사는 우리는 하루가 다르게 새로운 제품과 서비스를 만난다. 그런데 자신에게 고객의 눈과 귀를 사로잡는 특별한 색깔, 퍼스널 브랜드가 없다면 시장에서 상품의 가치를 인정받기 힘들다. 다른 누군가와 구별되는 차별성만이 개인의 가치와 능력을 인정해주는 시대다.

비즈웹코리아 은종성 대표는 "퍼스널 브랜드를 얻기 위해서는 어제와 같은 오늘이 아니라 내실 있는 오늘을 꾸준히 이어나가야 한다. 주어진 일을 처리하기 위해 하루하루를 보내고, 야근을 하고, 휴일을 반납한 대가로 받은 월급, 보너스, 승진 등으로 자신을 위로하면서 시간을 흘려보내서는 안 된다. 톰 피터스가 말했듯 작년의 이력서와 올해의 이력서가 같다면 당신은 실패한 것이다"라며 퍼스널 브랜드가 하루아침에 만들어지는 것이 아니라고 설명한다.("1인 기업 퍼스널브랜드 전략(with 은종성)", 〈나는 1인기업가다〉, 9편 2부)

1인 기업이 브랜드를 구축하기까지는 짧게는 몇 년, 길게는 수십 년도 걸릴 수 있다. 따라서 초반부터 차근차근 준비해 운영하는 것이 매우 중요하다.

퍼스널 브랜드가 높아지면 생기는 장점

- 일하기 편하다: 특정 분야의 전문성을 인정받는다.
- 몸값이 높아진다: 가치가 커지면 찾는 곳이 많아진다.
- 경쟁력이 높아진다: 차별성을 확보할 수 있다.

퍼스널 브랜드 전략은 개인마다 조금씩 다르다. 하지만 공통적인 요소로는 글쓰기, 전문성 확보, 지속성이 핵심이다. 이 모든 작업을 일정 시간 동안 지속적으로 해야만 브랜드가 구축된다. 당장 눈에 보이는 것이 없어도 조금씩 쌓인다고 믿고 꾸준히 해야 한다. 그것이 블로그든 페이스북이든 말이다. 시간과 정성을 들여 구축했다면 지속할 수 있도록 유지해야 한다. 사람들의 관심에서 멀어진 제품이 사라지는 것처럼 퍼스널 브랜드에도 유통기한이 있어 조금만 소홀히 관리해도 금세 잊히기 마련이다.

퍼스널 브랜드 구축에서 가장 중요한 요소는 바로 전문성이다. '뭐 하면 누구'라고 이구동성으로 답을 들을 수 있어야 한다. 한편 자신을 표현하는 퍼스널 브랜드는 명확할수록 좋다. 하고 싶다고, 할 수 있다고 이 분야 저 분야 손을 대다가는 자칫 모두를 잃을 수 있다. 분야를 확장할 때는 한 분야를 제대로 해낸 뒤여야 한다.

일례로 스마트워킹 분야와 온라인 마케팅 분야를 동시에 공략하기보다, 스마트워킹 분야로 전문성을 확보한 후 온라인 마케팅 분야로 확장하는 것이 두 분야 모두를 성공시킬 수 있는 방법이다. 한 분야에서 퍼스널 브랜드가 확고해지면 다른 분야로 확장하는 것은 의외로 쉽다.

왜 퍼스널 브랜드가 필요한가?

퍼스널 브랜드는 당신이 어떤 사람이고, 무엇을 잘하는지 간단명료하게 보여준다. 훌륭한 퍼스널 브랜드는 직접적인 판매보다 긍정적인 평가와 인지도 상승에 중점을 둔다. 이것이 사람들의 결정과 태도, 행동에 영향을 끼친다.

- 특정 분야 하면 딱 떠오르는 사람이 되어라.
- 좋은 퍼스널 브랜딩은 좋은 평가, 평판, 피드백, 콘텐츠로 이루어진다. 영업이나 이력 자랑이 아니다.
- 업계 내 평판과 인지도 상승을 위해 퍼스널 브랜드로 고객을 관리하라.
- 1인 기업은 퍼스널 브랜딩과 콘텐츠 창조 능력이 초기에 특히 중요하다.

퍼스널 브랜딩은 누구에게 필요한가?

"박 차장님은 기획을 잘해", "김 대리는 엑셀을 잘해"처럼 누구나 업무와 관련된 이미지 혹은 인상을 가진다. 이것이 바로 그 사람을 설명하는 퍼스널 브랜드다. 퍼스널 브랜드는 누구에게나 있다. 친구들이 모여 서로에 대해 이야기하다 보면 비슷한 평가가 나오는 것을 알 수 있다. 이처럼 다른 사람의 인식과 기대감이 퍼스널 브랜드다. 1인 기업가는 자신의 브랜드를 업무와 관련하여 아주 명확하게 포지셔닝하는 것이다.

- 좋은 제품도 포장을 잘해야 가치가 높아진다.
- 1인 경영을 위한 노하우가 필요하다.
- 누구나 브랜드가 될 수 있고 브랜드를 가져야 하는 시대다.

퍼스널 브랜드를 어떻게 만들어갈까?

틈새시장에서 강점에 집중하고, 목표로 하는 고객층에게 노출될 수 있는 활동(블로그, 소셜 미디어, 전문 잡지에 기고 등)을 지속해야 한다.

- 블로그, 소셜 미디어, 전문 콘텐츠에 기고하라.
- 내 시장에 강력한 경쟁자가 있으면 잘게 쪼개 틈새를 파고들어야 한다.
- 명확한 색을 가져라, 전문성은 중요하다.
- 산업 내에서는 탁월한 전문성이 연봉 차이를 부른다.
- 대중이 아닌 전문가 집단과 업계에서 유명해지면 전문지에 기고한다.

퍼스널 브랜드 구축을 위해 필요한 것

—

퍼스널 브랜드는 한번 만들어지면 끝나는 것이 아니다. 지속적으로 발전시켜야 한다. 이를 위해 콘텐츠 창조 능력, 지속적인 학습 능력, 고객의 필요를 읽는 능력, 글쓰기 능력, 강연 능력, 자기혁신 능력, 건강 등이 필요하다.

똑같은 일을 하는데도 수입이 다른 이유는 콘텐츠 창조 능력에서 오는 차이다. 지속적인 학습을 통해 시장이 원하는 것을 내놓아야 하며, 끊임없는 자기혁신이 필요하다.

퍼스널 브랜드가 높아진다고 수익이 오르는 것은 아니다. 사람들은 퍼스널 브랜드만 높이면 수익도 높아질 거라 생각하지만 그렇지 않다. 퍼스널 브랜드가 생성되면 이를 기반으로 포트폴리오를 만들어야 한다. 다시 말해 제품에서 강점을 찾아 좀 더 명확하게 만들어야 한다는 것이다. 블로그 방문자 수는 많지만 수익이 나지 않는다면 결국 당신의 상품은 고객이 찾는 것이 아니다. 정확한 타깃이 설정되지 않은 것이 한 원인일 수 있다. 그럴 때는 어떤 제품인지 고객이 명확하게 이해할 수 있는 방법을 찾아야 한다.

퇴사 전 준비

직장을 다니면서 1인 기업 준비하기

—

회사를 다니면서는 많은 시간을 낼 수 없다. 하루 일과 중 개인적으로 가질 수 있는 시간을 최대한 확보해서 효율적으로 투자하는 방법을 고려해야 한다. 직장 생활 중에는 회사 밖을 경험할 시간이 매우 적다. 이를 보완하기 위해 외부 활동을 하면서 자기 일을 객관적으로 분석할 수 있어야 한다. 향후 하고자 하는 일에 필요한 업무가 있다면 직장 동료에게 배워두는 것도 좋다.

준비할 시간을 구체적으로 만들어라

구체적으로 어느 시간을 활용해야 할까? 첫째, 점심시간이다. 우리는 늘 비슷한 사람들과 점심 식사를 한다. 이 시간을 활용해보자. 일주일에 한 번은 블로그에 글을 쓰는 시간으로, 다른 한 번은 타 부서원과 식사하며 내가 부족한 분야를 배우는 시간으로 활용해도 좋다. 기획자라면 마케터, 영업자, 경영지원 부서원들과 식사하며 관련 업무 이야기를 들어보는 것이 장기적으로 큰 도움이 된다.

둘째, 저녁 시간이다. 이 시간에는 관심 주제와 관련 있는 외부 행사에 정기적으로 참여하면 좋다. 북 세미나에 참여해 관심 분야의 저자도 만나고 지식도 쌓아보자. 나 역시 북 세미나에서 많은 것을 배웠다. 외부 모임은 자신의 객관적 능력과 위치를 파악하는 좋은 기회가 된다. 발표 자리가 있다면 적극적으로 참여해 나를 알리는 시간으로 만들자.

내가 1인 기업을 준비할 때는 이런 정보를 얻는 것부터가 난관이었지만 지금은 다양한 온라인 채널을 통해 자신이 원하는 분야의 정보를 얼마든지 얻을 수 있고 참여하기도 쉽다. 대표적인 서비스가 온오프믹스onoffmix다. 퇴근 후 시간을 보내는 방법에 따라 개인의 성장도 달라질 것이다.

셋째, 주말이다. 장기적인 계획을 세웠다면 주말 중 하루는 반드시 개인적으로 시간을 보내야 한다. 충분히 공부할 수 있는 시간도,

워크숍에 참여해 깊이 있는 지식을 습득할 수 있는 시간도 주말뿐이다. 주말은 배우는 시간뿐 아니라 전문 분야를 전파하는 시간으로도 활용할 수 있다. 지망하는 분야에 어느 정도 경험이 쌓였다면 해당 분야에 관심 있는 사람들을 대상으로 초급 강좌를 열어보길 추천한다. 참여만 하다 직접 강의를 해보면 완전히 다른 경험도 얻을 수 있고 미래의 고객도 만날 수 있어 일거양득이다.

브랜드와 전문성을 얻기 위한 글을 써라

스스로 기업을 준비하면 그 과정에서 상상 이상의 콘텐츠와 전문 지식이 쌓인다. 이것들을 무작정 쌓아놓지 말고 글쓰기와 병행하기 바란다. 또한 가급적 누군가가 읽을 수 있도록 블로그 같은 온라인 미디어에 쓰기를 추천한다. 만약 어느 매체에든 칼럼을 기고할 기회가 있다면 적극적으로 활용하라.

나를 비롯한 다른 사람들의 경우를 보더라도 블로그는 퍼스널 브랜드를 형성하고 전문성을 인정받기 좋은 최고의 도구다. 1인 기업가 11년 차인 내가 가장 잘했다 싶은 일 중 하나는 블로그를 운영한 것이다. 그다음 단계는 책 쓰기다. 블로그로 전문성을 인정받고 글쓰기 훈련까지 충분히 했다면 책 쓰는 일은 생각보다 수월하다.

글쓰기는 누가 뭐래도 개인의 전문성을 높이고 브랜드를 확대하는 최고의 작업이다. 그러나 글 쓰는 일은 그리 쉽지 않다. 글쓰기

초기 단계부터 전문적인 영역에 대해 쓰려고 하면 오히려 더 어렵게 느껴질 수 있다. 처음엔 경험을 정리하거나, 읽은 책을 소개하는 정도로 시작하라. 이렇게 일주일에 한두 개 정도 꾸준히 글 쓰는 훈련을 하고 어느 정도 자신이 붙었다면 전문 분야에 대한 깊이 있는 글을 지속적으로 쓴다. 이 작업을 단 1년이라도 꾸준히 한다면 회사에서는 물론 외부에서도 나를 바라보는 시선들이 조금씩 바뀐다. 블로그에 올린 글은 페이스북에도 공유하는 것이 좋다. 좋은 글이라면 바이럴 효과가 생기기 때문이다.

처음에는 정보성 글쓰기 중심으로 시작하고, 점차 경험을 기반으로 한 내용을 함께 포스팅하면 반응이 좋아진다. 경험적 글쓰기가 확대되면 전문성을 인정받아 퍼스널 브랜드로 성장할 수 있다.

전문성 확보 후 수익을 확장하라

1인 기업 준비 과정 중 꼭 해야 할 일은 수익을 만드는 작업이다. 직장과 회사 사이에 뭔가 하나를 더 만들어야 한다. 처음부터 너무 높은 목표를 세울 필요는 없다. 월급 이외의 수익을 만든다는 것이 중요하다. 액수는 다음 문제다.

내 경험을 예로 들면, 블로그 덕분에 외부와 연결이 쉬워지면서 조금씩 수익을 만들었다. 초기에는 강사로 초대받아 경험을 쌓았고, 시간이 지나면서부터는 직접 행사를 기획해 진행했다. 처음부터 고수익을 올리지는 못했지만 스스로 무엇인가를 했다는 만족도가 무척 컸다. 아마 다른 사람들도 나와 비슷한 경험을 했을 것이다. 어느 정도 수익이 안정선을 그리면 전문성을 발휘할 시장을 탐색할 수 있는 계기가 된다.

1인 기업 준비에서 우선해야 하는 것은 직장인 사고방식에서 탈피하는 것이다. 본인의 비지니스로 수익을 낼 수 있다면 1인 기업은 충분한 가치가 있다. 모든 준비를 퇴사 전에 할 수 있다면 좋겠지만, 퇴직 후 1년간의 운영 자금을 확보할 수 있다면 길게 바라보고 퍼스널 브랜드를 완성하기 바란다. 이때도 가장 먼저 해야 할 일은 글쓰기다. 이제 온라인 마케팅은 어떤 분야에서든 기본이다. 그리고 글쓰기는 개인이 온라인 마케팅을 할 때 가장 기본이 되는 능력이다.

직업, 어떻게 찾을 것인가?

—

언제부터인지 직장을 그만둘 때가 되었다는 생각이 들었다. 내가 느낀 '그때'는 업무보다 회의에 더 긴 시간을 쓸 때, 웬만한 일은 나 없이도 자연스럽게 결정되고 위에 보고만 하는 중간 관리자 역할이 내 일의 전부일 때였다. 일주일에 이틀 정도는 직원 회식과 외부 미팅이 잡혀 있고, 그렇게 지내다 보면 한 주가 휙 지나갔다. 팀원들을 챙기거나 상사가 시키는 일을 하다 4년이라는 시간이 흘렀다. 이래서는 안 되겠다 싶었다. 스스로 할 일을 찾으려고 뒤돌아보니 어느새 그만둘 시점이 되었던 것이다. 나이와 경력도 찼고 이제 새로운 일을 하고 싶었다. 이것이 아주 자발적이며 자연스러웠던 나의 퇴사다.

그러나 갑작스럽게 퇴사하는 경우도 있다. 또 회사가 어려워져 떠밀리듯 창업하는 경우도 있다. 이런 경우에는 과감히 기회를 잡는 것도 한 방법이다.

나는 3년간의 프리랜서 생활을 마치고 2002년에 다시 회사로 들어가 만 4년을 다녔다. 4년 동안 조직을 이해하고 네트워킹을 쌓았다. 다양한 프로젝트를 운영하는 데 큰 도움이 되는 시간이었다. 새로운 배움을 얻으며 즐겁게 다닌 적도 있다. 그렇지만 돌아보면 성장이 부재한, 그저 정신없는 회사 생활이었다.

한번은 세 팀을 동시에 맡은 적이 있다. 그 당시 문제가 컸던 팀을 떠안았는데, 부임 첫날 책상에 사직서 한 통이 올라와 있었다. 일정 맞추기도 버겁고, 영업에도 문제가 많아 일이 포화 상태였는데 유능한 직원이 나가겠다고 하니 눈앞이 캄캄했다. 시작도 못 해보고 팀이 붕괴될 수도 있겠다 싶어서 그 직원을 불러 상담을 했고, 문제점과 부족한 점을 해결하기로 약속한 후 사직서를 반려했다. 그런데 일주일 후 또 다른 팀원이 사직서를 제출했다. 일은 꼬이기만 했다. 그래서 지난 몇 달간을 돌아보았다. 사건과 사고가 매일 벌어지고,

그 일들을 수습하다 하루가 저물고, 퇴근해 집에 와서는 그대로 쓰러졌다. 가족과의 대화는 줄어들고 언제부터인가 회사형 인간으로 살아가는 내 모습을 보면서 변화가 필요하다는 것을 절실하게 깨달았다.

어느 날, 언제까지 이렇게 살아야 할까를 둘러싼 고민 끝에 나의 일을 찾아 나서기로 마음먹었다. 우선 나 자신부터 진단해야 했고, 앞으로 무엇을 잘할 수 있는지, 다른 세계의 전문가는 어떻게 살아가는지 살펴보기로 했다. 그 당시 나를 흔든 것은 구본형 변화경영연구소 소장이 말한 '1인 주식회사 성공 조건 세 가지'(백기락, 《1인 기업 성공시대》, 크레벤지식서비스, 2009, 93쪽)였다. 그 세 가지를 간단히 소개하자면 아래와 같다.

첫째, 철저히 준비해야 한다. 회사를 나온다는 것은 울타리가 없어지는 것이기에 그 추위를 감당하기 위해서는 최소한 2~3년 정도의 준비 기간이 필요하다.

둘째, 울타리를 뛰쳐나오기 전에 먼저 가족을 설득해야 한다. 배우자나 가족은 자기 사업의 첫 번째 고객이다. 따라서 그들을 설득하면 다른 고객들도 설득할 수 있다.

셋째, 사업 분야는 반드시 자기가 하고 싶은 분야를 선택하되 경쟁 없는 아이템이어야 한다. 경험이나 취미 등을 살려서 다른 사람들과 차별화할 수 있다면 블루오션이 될 수 있다.

우선 고민이 필요했다. 평생 내가 할 수 있는 직업을 나열해봤다. 오랫동안 계속할 수 있는 직업을 선택해야 했다. 또한 그 누구보다 내가 잘하고, 차별화된 경쟁력을 확보할 수 있으며, 시장에서 수익을 만들 수 있는 일이어야 했다. 이런 모든 조건을 만족시킬 수 있어야 했기에 기존의 일을 모두 리셋하고 천천히 배우고 준비했다.

해결책을 얻기 위해 책과 신문을 읽고 전문가도 만났다. 지금으로부터 겨우 10여 년 전이지만 2004년에는 이런 아날로그적인 방법으로 정보를 수집해야 했다. 많은 시간을 들여 다양한 길을 모색했다. 그 당시 나는 업무 분야의 책을 집필하고 번역도 해봤지만 책도 글도 낯선 상태였다. 책과 강의 분야에서 뭔가 해보자고 마음먹었지만 얼마나 버틸지 알 수 없었다.

2005년에 블로그를 시작하면서 매일 책을 읽고 리뷰를 썼다. 몇 년을 하다 보니 서평 전문가가 되었다. 내친 김에 작가들을 인터뷰하면서 해당 분야에서 인정받기 시작했다. 특이한 것은 '혜민아빠'라는 블로그로 필명이 어느 정도 알려지면서 블로그 운영 방법에 대한 강의 의뢰가 들어왔고, 이런 의뢰가 다른 분야로도 자연스럽게 확장되었다는 점이다. 1인 기업가로 살아온 지난 10년은 변화에 빠르게 적응하려 애쓰고, 무엇이 가장 중요한 일이고 어떻게 행동할지 판단하고 실행하는 고군분투의 시간이었다.

소셜 네트워크 서비스와 모바일 환경이 마련되며 1인 기업가의 환경은 급변했다. 이 과정에서 1인 기업가에게 중요한 능력은 새로운 변화에 대한 적응력이다. 변화에는 기회가 따르기 마련이다. 가끔 1인 기업가에게는 눈도 귀도 네 개씩 있어야 한다고 말하는데, 이런 모든 것을 수용하고 적용하는 것이 앞으로 살아가는 데 꼭 필요하다.

하루 한 시간, 나만의 시간을 만들어라
—

출퇴근 시간에 남는 자투리 시간을 확보하라

직장을 다니면서 퇴사 준비를 위해 시간을 많이 투자하기는 어렵다. 그러나 아무리 어렵더라도 직장에 9, 나를 위해 적어도 1은 투자해야 한다. 1로 시작하여 시간을 조금씩 늘려나가기 바란다. 하루에 한 시간씩만 투자해도 시간이 쌓였을 때의 효과를 내다볼 수 있다. 한 시간을 확보하기 위해 출퇴근 시간을 활용하거나, 어렵다면 퇴근 후 집과 회사가 아닌 제3의 공간을 만들어라. 카페에 가는 것도 좋고, 스터디 그룹에 참여하는 것도 좋다. 이 시간에 해야 할 일은 관련 분야의 책을 읽고 공부하는 것 혹은 퍼스널 브랜드를 확고하게 만들어줄 블로깅 등 글을 쓰는 것이다. 단, 가급적 한 시간을 이어서 써야 한다. 시간을 너무 쪼개 쓰면 지속성이 떨어지고 정리 없이 새로운 일만 벌이게 될 가능성이 크다.

나는 자투리 시간이나 이동 시간에 책을 읽었다. 여기서 얻은 콘텐츠로 블로그 글을 작성했다. 오픈형 글쓰기는 시작할 때는 낯설지만 사람들에게 조금씩 알려지면 재미가 생긴다. 블로그에 꾸준히 글을 쓰며 글쓰기 실력도 늘었고 다양한 책을 소화하며 생각도 발전했다. 생산적 글쓰기를 통해 자기계발을 실현했고 미래의 목표를 명확하게 할 수 있었다.

비주얼 씽킹 전문가 정진호 대표도 하루 한 시간 투자로 가야 할 길을 찾은 대표적인 사례다. 그는 퇴사 전부터 출근길 한 시간 동안 매일 그림을 그렸다. 이렇게 그린 그림으로 전시회도 하더니 지금은 '행복 화실'을 열어 그림을 가르친다. 취미로 시작한 그림은 정진호 대표를 작가로 만들었고(《행복 화실》, 한빛미디어, 2016) 그는 이를 토대로 1인 기업가가 되었다. 매년 한 번 이상 개인전을 열고 작품을 판매한다. 그림 교실을 운영하며 수익도 낸다. 직장인에게는 비주얼 씽킹 생각 정리 기술을 강의한다. 디지털 시대에 아날로그를 기반으로 지속적인 수익을 내고 있는 것이다. 펜과 종이만 있으면 할 수 있고, 직장인이든 전문가든 누구에게나 필요한 기술이기에 여러 사람들에게 사랑받고 있다. 하루 한 시간이 빚어낸 대단한 결과다.

이처럼 새로운 작업을 위한 하루 한 시간 투자는 의외로 효과가 있다. 나 역시 새로운 책을 기획할 때 하루 한 시간은 꾸준히 정보를 습득하고 이것이 쌓인 후 글을 쓴다.

　직장을 다니는 사람이라면 출퇴근 시간, 퇴근 이후, 주말을 잘 활용하는 것이 중요하다. 가장 무난한 시작은 관련 분야의 책을 읽는 것이다. 그 이후 맞춤한 주제의 책을 읽고 업무와 연관 있는 분야에 적용하는 것 등으로 단계를 올리면 된다.

　미래를 위해 시간을 투자할 때 전문가와 만나는 것은 매우 중요한 일이다. 이 기회를 통해 자기의 수준을 가늠하고 가능성을 파악할 수 있다. 해당 시장을 이해하고 준비하는 시간도 가질 수 있다. 특히 다른 관점의 의견도 듣게 되어 업무에 적용하거나 확장하는 기회로 삼을 수도 있다.

　하루 한 시간, 공부를 해도 좋고 운동을 해도 좋다. 이런 습관이 새로운 변화가 시작하는 계기가 되기 바란다. 꾸준히만 한다면 반년 후 당신의 모습이 달라져 있을 것이다.

지금 그 직장에서 배워라

직장에서 한 경험이 1인 기업으로 독립한 뒤에도 도움이 될 수 있도록 하라. 1인 기업가가 되면 직장에서는 하지 않아도 될 일, 이를테면 조직 내 커뮤니케이션이나 업무 협의, 자료 만드는 일 등도 모두 스스로 해야 한다. 따라서 직장에서 이런 훈련을 충분히 하는 것이 좋다. 사람들이 독립하면서 가장 어려움을 느끼는 분야는 역시 세금 관리와 영업, 마케팅이다. 이런 영역은 1인 기업에 수시로 필요하지만 나와서 따로 배우기는 쉽지 않다. 독립할 의지가 있다면 당장 필요한 업무가 아니더라도 관심을 가지고 배워둬야 한다.

IT 기술을 모른다면 해당 업무를 하는 직원에게 틈틈이 물어 전문적인 정보를 배워둬라. 따로 맛있는 식사나 차를 대접해서라도 배울 만큼 가치가 있다. 혼자서 일할 때 IT 기술을 아는 것은 업무를 그만큼 쉽고 빠르게 처리할 수 있는 가능성을 가진 것이다.

1인 기업가에게 꼭 필요한 업무 능력 세 가지

• 세무 관리

• 영업과 마케팅

• IT 활용 능력

이 모든 것을 주변에 있는 사람에게 먼저 배워라. 최소의 시간을 들여 최대의 효과를 얻을 수 있다. 이들과의 교류로 해당 분야의 소식을 들을 수 있고 관계도 좋아져 회사 생활에도 도움이 된다. 또한 이들은 당신이 독립했을 때 든든한 지원군이 되어줄 것이다.

1인 기업가로 나섰을 때 큰 도움이 되었던 이들이 바로 협력 업체 분들이었다. 오랫동안 함께 일하면서 서로 도움을 주고받았던 덕분이다. 이분들은 처음 나에게 사무실 공간을 나눠주고 독립 초기 때 생존을 위해 판매할 제품도 제공해주었다. 덕분에 새로운 시도를 할 수 있는 발판이 되었다. 외부 업체와 일하며 신뢰를 다진다면 누구나 이런 관계를 만들 수 있으리라 본다. 다만 이때 중요한 점은 해당 분야의 전문가로서 인정받아야 한다는 것이다. 이 조건을 충족할 경우 새로운 관계 맺기는 어디서나 통한다. 만약 인간성까지 좋다면 여러 도움을 받을 수 있을 것이다.

회사에 다니면서 자신의 전문 분야를 살려 책을 집필할 수 있다면 이후에도 큰 도움이 된다. 특히 해당 분야의 서적이라면 더 가치 있고 회사에서도 인정받게 된다. 나는 전문서와 번역서를 출간한 뒤 입사했다. 이후 해당 분야에서 인정받았다. 전문성 인정은 파트너들로부터 좋은 평가를 받게 한다. 이런 좋은 평가는 다양한 기회를 제공하고, 이 기회가 독립의 발판이 되니 자신만의 전문성을 꾸준히 갈고닦는 것만큼 중요한 일은 없다.

직장을 나오기 전 챙겨야 할 것들

—

직장은 1인 기업으로 독립하기 전에 스스로를 전문가로 만들 수 있는 최적의 조건을 갖췄다.

자신의 일을 객관적으로 분석하라

자신이 하는 일을 객관적으로 봐야 한다. 10년 넘게 직장을 다녔다면 어느 한 분야에서는 전문가라고 불릴 만한 실력을 갖췄을 것이다. 회사에 다닐 때는 능력에 대한 평가가 조직 안에서만 이루어진다. 그러나 독립 후에는 불특정 다수에 의해 평가받는다. 따라서 자신의 능력을 객관적으로 평가받는 일은 독립 전에 해야 할 중요한 일 중 하나다. 이것을 기회로 부족한 부분을 채워야 하기 때문이다. 동시에 자신이 깨닫지 못한 능력을 발견할 수도 있다.

회사는 개인이 어떤 전문가로 살아갈 수 있도록 만들어주지만 이런 기회를 놓치고 나오는 사람들이 많다. 회사 안에서 능력을 충분히 발휘하는 동시에 좋은 기회까지 만들 수 있다는 사실을 결코 잊지 마라.

동료에게 배워라

직장은 좋은 배움의 장소이다. 개인이 가진 것보다 주변 직원들로부터 부족한 것을 배울 수 있다. 그러니 직원들과 단절하고 나오기보다 나와서도 도와줄 사람을 만들자.

본인이 IT 분야의 전문가라면 다른 분야의 팀장이나 팀원 들에게 부족한 것을 배워라. 회사를 나와 1인 기업으로 살아가려면 여러 분야의 기술을 익혀야 한다. 그들과 만날 시간을 따로 만들어 1인 기업가로서 살 때 필요한 관련 기술을 충분히 익히자. 해당 분야에서 조금씩 익히다 보면, 나와서 비용을 지불하고 배워야 하는 수고로움을 덜 수 있다. 1인 기업가로 살기 위해 반드시 알아야 할 항목은 아래와 같다.

- 세무 — 세금 관리, 부가세, 소득세 신고
- 마케팅 — 온라인 및 소셜 미디어
- IT 기반 업무 — 자료 관리, 일하는 방법
- 상품 기획 및 제안서 작성
- 문서 작성 요령

회사 밖으로 나오는 순간 당신의 일을 대신해줄 수 있는 사람은 단 한 명도 없다. 만약 있다면 그것은 비용 지불과 밀접하게 닿아 있을 것이다. 회사에서 단순한 업무만 했다면 퇴사 전에 프로젝트 진행 요령과 문서 관리 방법을 익히고, 일하는 방법을 개선한 뒤 나오기 바란다. 전문성 하나만 믿고 퇴사할 경우, 그것을 제외한 나머지 일을 제대로 하지 못해 생기는 어려움을 오래 겪을 수밖에 없다.

가장 잘할 수 있는 일을 찾아라

1인 기업으로 나오기 전에 내가 가장 잘할 수 있는 일이 무엇인지 찾아라. 회사에서 하던 일도 있을 테고, 오랫동안 취미로 해오던 일들도 있을 것이다. 그중 문제를 해결해주는 상품이나 시장에서 판매될 만한 상품을 선택하라. 이때 누군가와 비교해서 너무 높은 목표를 세우기보다 낮은 단계에서부터 사람들을 만족시키는 경험을 거치는 것이 좋다. 또한 많은 시간을 투자해야 하므로 들어오는 모든 일을 수용해 배울 수 있는 기회로 만들어라.

저녁 시간이나 주말을 이용해 직접 고객과 만나는 기회를 만들어야 한다. 이를 통해 당신에게 유리한 기회를 늘릴 수 있다. 특히, 매번 하는 작업에 대해서는 블로그 등에 후기를 작성해 자신이 어떤 분야의 전문가인지 알리는 것이 중요하다.

회사에서는 너무 한 가지 일에만 치중하기보다 사람들과 어울리면서 본인이 잘하는 일을 알려라. 고객은 먼 곳보다 가까운 곳에서 찾는 것이 좋다. 이로써 좋은 관계를 만들 수 있고, 나중에 도움을 받을 수도 있다. 1인 기업가로 살아갈 때 가장 중요한 것은 전문가로서의 능력이지만 너무 외곬이어서는 안 된다. 사람들과의 관계를 유지하고, 함께 시장을 개척해나가는 것도 무척 중요하다.

1인 기업가와
직장인의 차이

직장인과 달리 있는 것
—

하나, 시간의 자유가 있다. 하루 24시간을 내 맘대로 활용할 수 있다. 직장을 다닐 때는 회사 시간에 맞춰 제한된 환경에서 시간을 관리했다면 이제 모든 시간을 나에게 필요한 쪽으로 쓸 수 있다.

회사를 다니면서 불필요하다고 느낀 것 중 하나가 의미 없는 시간과 작업 들이었다. 대표적인 것이 적지 않은 시간을 차지하는 회의와 작업할 때마다 작성해야 하는 보고서다. 이를 위해 할애하는 시간이 업무의 50퍼센트를 차지할 정도였다. 1인 기업에서는 이 두 작업이 빠지고 주요 결정을 스스로 하기에 업무에 소요되는 시간이 줄어든다. 작업하는 시간이 넉넉해져 바쁘게 움직이기보다, 생각하고 정리하는 시간이 더 늘어난다. 또한 멍 때리는 시간도 가질 수 있고, 업무에 집중하는 시간이 길어진다. 이런 장점은 자칫 단점이 될 수도 있다. 따라서 1인 기업가는 누구보다 시간 관리를 잘해야 한다.

둘, 업무 공간의 자유다. 혼자 일할 때는 어느 누구의 눈치도 보지 않고 모든 시간을 스스로 책임지고 움직일 수 있다. 출퇴근 시간을 스스로 관리하고 업무를 보는 공간 역시 스스로 선택할 수 있어서 이동에 사용되는 시간도 관리할 수 있다. 집과 가까운 곳에 사무실을 마련해 쓰거나 아예 집에 그런 공간을 차려도 된다. 나는 집에서 30분 이내의 장소에 일하는 곳을 마련하는 편이다.

9시 출근, 6시 퇴근을 벗어나 낮에 사람들과 만나는 시간을 늘리고 아침저녁에 집중적으로 일하는 방법도 있다. 자신의 생활 패턴에 맞춰 일을 할 수 있어 그만큼 능률도 높다. 나는 오전 네 시간, 오후세 시간 정도 작업을 한다. 서너 가지 일을 매일 조금씩 반복적으로 한다. 철저하게 내 의지로 말이다.

매일 반복하는 업무

- 프로젝트 관리
- 책 집필(블로그)
- 강의안 작성

- 업무 미팅
- 정보 수집

반복적인 작업은 하루 한두 시간 정도 한다. 이때 중요한 것은 장기적인 계획과 목표를 먼저 세워야 한다는 것이다. 이렇게 쌓인 자료가 1년이 지나면 책으로 나올 때도 있고, 신무기(전문성 확보)로 탄생할 때도 있다.

시간을 스스로 통제할 수 있기에 직장인에게는 이런 삶 자체가 동경의 대상일 수도 있다. 그러나 목표가 없다면 매일매일 허송세월하기 쉽다. 그때 발생하는 문제가 바로 생존(수입)이다.

셋, 일에 대한 가치가 달라진다. 직장 생활을 하면서 시키는 일을 할 때보다 스스로 자기 일을 하는 것은 일에 대한 개인의 가치를 키운다. 직장 생활은 주어진 환경에 적응하고, 업무 강도에 따라 많은 시간을 소모하고, 여유는 주말과 휴가에 의존하는 것이 전부다. 이처럼 직업을 돈 버는 수단에 불과하다고 생각하는 경향이 크기 때문에 일에 대한 가치를 느끼기 힘들다. 그러나 1인 기업가는 정반대다. 자신이 원하는 일을 하고 전문성을 더욱 확보하기 위해 스스로에게 투자하는 시간을 점점 늘릴 수밖에 없다.

넷, 정년 걱정 없는 평생의 일이 있다. 80년 노동 시대로 접어들었다. 일반적으로 60세를 정년으로 보면 그 후 20년을 아무 일 없이 살아야 할 수도 있다. 그러나 조금 서둘러 자신의 일을 만들어둔다면 정년 걱정 없이 자신의 일을 평생 할 수 있다. 평생 직업을 갖기 위해서는 반드시 전문성이 뒷받침되어야 한다. 일을 오래 하려면 건강도 스스로 챙겨야 한다.

다섯, 소소한 즐거움이 있다. 여러 1인 기업가들이 말하는 소소한 즐거움은 아래와 같다. 종합해보면 삶의 질이 높아지고 행복 지수가 올라간다는 것이다.

- 평일 낮술을 마실 수 있고, 힘들어 쉬고 싶을 때는 편안하게 낮잠도 잘 수 있다.
- 땡처리 항공권을 이용해서 여행을 다녀올 수 있다. 주말을 피해 평일 여행도 가능하니 숙박비도 저렴하다. 인파를 피할 수 있다.
- 상사 눈치를 안 봐도 된다. 직장을 다니면 누군가(상사나 동료)의 눈치는 봐야 하는데 원할 때 일하면 되니 그럴 일이 없다.
- 디지털 노마드가 가능하다. 장기 여행을 하면서 일하는 것도 가능하다. 면 대 면이 필요한 일이 아니라면 와이파이가 잡히는 곳 어디에서나 일할 수 있다.
- 평일에 조조 영화를 볼 수 있다. 직장 다닐 때는 주말에 봐야 했던 영화를 한산한 오전 시간에 보고 점심 식사도 할 수 있다.

이처럼 자유로움이 장점으로 꼽히지만 다른 면에서는 커다란 걱정과 두려움도 발견된다.

직장인과 달리 없는 것

—

하나, 일도, 그 흔한 복지도 없다. 1인 기업가는 스스로 일을 만들어 내야 한다. 누가 정기적으로 일을 주는 것이 아니기에 만들지 않으면 아무 일도 일어나지 않는다. 일이 없는 1인 기업가는 백수와 다름없다. 직장만 없는 것이 아니라 직장인일 때 누리던 혜택도 사라진다. 업무 수첩, 볼펜, 복사 용지까지 모두 일일이 사야 한다. 모든 것에 비용이 든다.

둘, 월급이 없다. 일이 없으면 월급도 없다. 월급은 없어도 가족을 부양한다면 매달 생활비를 대야 한다. 정기 수입이 사라진 초기에는 어려움이 이만저만 아니다. 수입이 생기더라도 매우 불규칙적일 확률이 높다. 1인 기업가는 월 단위보다 연 단위로 수입을 계산하고 이를 12로 나눈 후 분배해 지출하는 것이 좋다. 물론 이렇게 되기까지는 시간이 걸린다. 설과 추석이 와도 보너스는커녕 선물도 없다. 큰 비용을 들인 게 아니더라도 보너스와 선물이 있으면 행복하다. 직장을 다닐 때는 몰랐는데 1인 기업을 하다 보니 명절 때 참치 캔

선물 세트를 하나씩 들고 퇴근하는 모습조차 부러웠다. 교육비 지원도 없다. 부족한 부분을 채우려면 모든 비용을 직접 지불해야 한다. 독립 초기에는 다양한 업무 기술을 배우기 위해 지불하는 교육비도 만만치 않다. 그래서 직장을 다닐 때 익힐 수 있는 업무 관련 기술은 그때 배워둬야 한다고 강조하는 것이다.

셋, 정년이 없다. 이제 100세 시대다. 60세 정년 후 40년을 더 살아야 한다. 심지어 건강하다. 이런 이유도 1인 기업을 선택하게 이끈다. 현실적으로 정년 후 일을 찾는다는 것은 거의 불가능하기 때문이다. 노년에도 경제 활동을 하고 싶다면 남들보다 조금 먼저 자신만의 직업을 찾아야 한다. 이런 점에서 1인 기업은 매우 가치가 있다.

넷, 회식이 없다. 1인 기업에 회식은 따로 존재하지 않는다. 지인과 먹는 저녁 정도가 전부고, 이것도 직접 약속을 잡지 않으면 생기지 않는다. 워크숍도 없다. 이 말은 노력하지 않으면 모든 인적 네트워크가 사라질 수도 있다는 뜻이다. 이를 극복하기 위해 어떤 모임이든 정기적으로 참여할 것을 권한다. 직장인 시절에는 회식이 지겹기도 하지만 나와서 생활하다 보면 그리울 때가 있다. 가끔은 소주 한잔 기울이며 한탄하는 시간도 있어야 하는데 그러지 못하니 스트레스도 쌓인다. 그래서 나는 1인 기업가를 위한 회식 날(매월 셋째 주 목요일 홍대)을 만들어 진행하고 있다.

다섯, 회사 일을 같이 고민해줄 사람이 없다. 큰 결정을 해야 할 때, 자문이 필요하거나 어려운 상황에 처했을 때 모든 고민을 스스로 풀어야 한다. 주변 사람들에게 상황을 설명하고 고민을 나눌 수도 있지만 중요한 결정과 판단은 오롯이 혼자 해야 하고 책임도 혼자 져야 한다. 따라서 때로는 외로울 수도 있다. 그럴수록 자신을 믿고 신뢰해야 한다.

1인 기업 스타트

첫 사업, 첫 사업자 등록

—

무슨 업종이든 사업을 하기 위해서는 사업자 등록 신고를 해야 한다. 그래야만 정식 사업체로서 인정받는다. 일의 형태에 따라 개인 사업자나 법인 사업자로 등록할 수 있다. 개인 사업자와 법인 사업자의 차이는 납부하는 세율이다. 개인 사업자는 사업 소득 3.3퍼센트(혹은 기타 소득 4.4퍼센트)를 원천 징수한 후 수입을 정산받는다. 사업 영역에 따라 거래 금액이 높고, 거래처에서 세금계산서 발행을 요구하지 않으면 처음부터 사업자 등록을 하지 않아도 된다.

사업자 등록을 하지 않을 경우, 개인 사업자

개인 사업자에게는 소득 제공처에서 세금을 원천 징수 후 비용을 지불한다. 사업자는 이듬해 5월 종합소득세를 신고하고 세금을 정산한다. 소득이 높으면 세금도 누진된다. 세 부담은 일반 급여 소득자와 비슷하다. 소득이 적을 때는 유리하고 많아지면 세금 부담도 함께 올라간다. 직장인과 달리 연말 정산이라는 것이 없기 때문이다.

개인 사업자로 등록하지 않은 경우에는 3.3퍼센트 원천 징수 후 종합소득세 신고 때 기장 처리를 하고, 기장하지 않고 신고해서 많은 금액이 원천 징수된 경우에는 환급을 받을 수 있다. 책을 집필하거나, 강의를 하거나, 그밖의 프로젝트를 하더라도 금액이 크지 않고 세금계산서 처리를 하지 않는다면 별도의 사업자 등록 없이 처리해도 된다. 하지만 사업을 위한 준비 및 운영에 따른 비용 처리가 늘어나면 개인 사업자로 작업하는 것이 적당하다. 법인의 경우는 일처리도 복잡하고 별도의 비용도 많이 든다.

사업자 등록증 신청하기

1인 창조기업 실태조사보고서에 의하면, 혼자 사업하는 1인 창조기업의 특성상 개인 사업체가 약 91퍼센트로 대다수이며, 법인 사업체는 매우 미비하다. 대표자 현황을 살펴보면 남성이 약 71퍼센트, 여성이 약 29퍼센트로 남성이 높았다.(중소기업청 조사통계시스템

2-2 1인 창조기업 실태(2015년)

구분	사업체 수(개)	개인(%)	법인(%)
전체	249,774	90.9	9.1
남성	177,481	89.3	10.7
여성	72,293	94.7	5.3

(출처: 중소기업청)

http://stat2.smba.go.kr 참조)

사업자 등록 시 필요한 서류

사업자 등록증을 가진 지 벌써 10년이다. 2007년 1월에 사업자 등록을 했다. 참 오래 버텼다. 사업자로 5년을 버티기 힘들다는데 10년을 버텼으니 칭찬받을 만하다. 나는 연말에 회사를 나와 이듬해 바로 사업자 등록을 했다. 내 업무 분야를 찾아서 가까운 세무서에 가 직접 처리했다. 개인 사업자는 10분 이내에 비교적 간단히 사업자 등록증을 발급받을 수 있고, 법인은 법무사나 전문가의 도움을 받아 처리하는 것이 좋다.

- 사업자 등록 신청서 1부
- 사업 허가증·등록증 또는 신고 필증 사본 1부(허가를 받거나 등록 또는 신고가 필요한 사업의 경우)

- 사업 허가 신청서 사본이나 사업 계획서(허가 전에 등록하고자 하는 경우)
- 임대차 계약서 사본 1부(사업장을 임차한 경우)
- 2인 이상 공동으로 사업을 하는 경우에는 동업 계약서 등 공동 사업임을 증명할 수 있는 서류(사업자 등록은 공동 사업자 중 1인을 대표로 신청)
- 도면 1부(상가 건물 임대차 보호법이 적용되는 건물의 일부를 임차한 경우)

사업자 등록을 하지 않은 경우에는 공급가액의 10퍼센트에 상당하는 가산세를 물게 되는 불이익이 있다.

- 공급가액이란 부가가치세(10퍼센트)가 포함된 매출액에서 부가가치세를 제외한 금액을 의미한다. 즉 부가가치세가 포함된 매출액이 11,000,000원인 경우 공급가액은 10,000,000원이고 부가가치세가 포함된 11,000,000원을 공급대가라 한다(공급대가는 재화나 용역을 제공하고 지급받은 대가라 하며, 매출액을 의미한다).
- 매입세액을 공제받을 수 없다. 즉, 사업자 등록을 하지 않으면 세금계산서를 교부받을 수 없어 상품을 구입할 때 부담한 부가가치세를 공제받지 못한다.

온라인으로 사업자 등록증을 발급받는 방법
개인 혹은 법인 사업자의 경우 온라인으로 등록증 발급이 가능하다.

2-3 홈택스 홈페이지에 나온 사업자 등록 신청/정정 처리 단계

사업자등록신청/정정
처리단계 안내

01 제출서류 준비 — 스캐너 등을 이용하여 제출서류를 이미지파일로 준비합니다. 스캐너 이용시에는 200dpi 이상, 디지털카메라, 스마트폰카메라 등을 이용시에는 이미지크기 1500×2100 이상이어야 제출이 가능합니다.

02 신청(신고)서 입력 — 신청서 정보를 화면에 입력합니다.

03 제출서류 등록 — 준비된 이미지파일을 등록하여 전송 준비를 합니다. ※ 제출서류를 누락하면 처리가 지면 되므로 구비서류를 빠짐없이 제출하시기 바랍니다.

04 신청내용 확인 및 전송 — 신청서 입력내용과 제출서류를 최종 확인한 후 전송합니다.

홈택스(https://www.hometax.go.kr)에 가입되어 있고 공인인증서가 있다면 세무서에 방문하지 않고 인터넷으로 사업자 등록 신청 및 구비 서류 제출이 가능하고 사업자 등록이 완료되면 사업자 등록증도 발급된다. 온라인 신청 시 다음과 같이 진행된다.

제출 서류 준비 → 신청서 입력 → 제출할 서류 입력 → 신청 내용 확인 → 접수 내용 확인 및 인쇄

일반 과세자와 간이 과세자 유형 선택

부가가치세가 과세되는 사업의 과세 유형에는 일반 과세자와 간이 과세자가 있는데 사업자 등록 신청을 할 때 둘 중 하나를 선택한다. (세금계산서 발행을 하고자 하는 경우는 무조건 일반 과세자로 해야 발행이 가능하다.) 간이 과세자로 사업자 등록을 했다고 해도 신고 실적이

2-4 일반 과세자와 간이 과세자의 구분 및 차이점

구분	일반 과세자 1년간 매출액 4,800만 원 이상이거나 간이 과세가 배제되는 업종·지역인 경우	간이 과세자 1년간 매출액 4,800만 원 미만이고 간이 과세가 배제되는 업종·지역에 해당되지 않는 경우
매출세액	공급가액×10%	공급대가×업종별 부가가치율×10%
세금계산서 발급	발급 의무 있음	발급할 수 없음
매입세액 공제	전액 공제	매입세액×업종별 부가가치율
의제매입세액 공제	모든 업종에 적용	음식점업

*광업·제조업·도매업·전문직 사업자, 다른 일반 과세 사업장을 이미 보유한 사업자, 간이 과세 배제 기준(종목, 부동산매매업, 과세유흥장소, 지역)에 해당되는 사업자 등은 간이 과세 적용이 배제된다.

나 간이 과세 배제 기준 등으로 과세 유형이 변할 수 있으니 매년 점검해야 한다.

일반 과세자로 사업자 등록을 해야 하는 경우

- 연간 매출액이 4,800만 원으로 예상되는 경우
- 간이 과세자로 사업자 등록을 할 수 없는 업종인 경우
- 지역에서 사업을 하고자 하는 경우
- 세금계산서를 발행하는 경우

신고 매출이 4,800만 원이 넘으면 일반 과세 대상이다. 4,800만 원이 넘지 않아도 세금계산서를 발행받은 매입이 매출보다 높다면 일반 과세로 바꾸는 것이 좋다. 간이 과세자는 비용 정산을 위한 부

가세 환급이 없다는 단점이 있다.

개인 및 법인 사업자 중 무엇을 선택하나?

사업 소득이 높지 않다면 개인 사업자를 추천한다. 기업의 사업 소득은 전체 매출에서 비용 처리를 뺀 금액으로 정산하는 실질 소득을 의미한다. 통상 연간 사업 소득이 8,000만 원 이상이면 법인으로 전환하는 것을 고려함이 바람직하다. 물론 세무사와 먼저 상담하는 것이 현명하다.

소득이 높고, 대기업과 사업을 할 경우 기업 쪽에서 법인을 선호하는 경우도 있다. 개인 사업자가 법인 사업자로 전환할 때는 매출액과 이익률을 기준으로 판단한다. 대략 매출 5억 원(도소매일 경우 10억 원) 정도를 기준으로 한다. 초기에 정확한 판단이 어려우면 일단 개인 사업자로 출발해 매출이 오르면 회계사와 의논해서 이를 변경하는 것도 방법이다.

세금 측면에서는 법인이 유리할 수도 있는데, 1인 기업을 법인 사업자 형태로 운영할 때는 세무 처리 등 번거로운 과정이 따른다. 일반적으로 매출이 적은 개인 사업자는 간편 장부 대상자로 기장 세액 공제를 받을 수 있다. 법인 사업자는 개인 사업자에 비해 기장 의무가 복잡하다. 이때는 회계 담당을 두고 회계 기록을 하거나 공인회계사나 세무사에게 기장을 대행하는 것이 바람직하다.

2-5 개인 사업자와 법인 사업자의 차이

	개인 사업자	법인 사업자
설립 절차 및 비용	관할 관청에 인허가(인허가가 필요한 사업인 경우)를 받고 세무서에 사업자 등록을 신청하면 된다.	법원에 설립 등기를 해야 하며 등록세, 채권매입비용 등 설립 비용이 필요. 보통 법무사를 통하기 때문에 수수료가 추가된다.
자금 조달 및 이익 분배	개인의 자본에 의지하므로 자본 조달에 한계가 있으며 사업에서 발생한 이익을 사용하는 데 제약이 없다.	주주를 통해 자금을 조달하므로 여러 사람을 통해 자금 조달이 가능. 법인과 주주는 별개이므로 일단 자본금으로 들어가면 배당 등의 형태로만 인출이 가능하다.
사업의 책임성 및 신뢰도	사업상 발생하는 모든 문제, 부채, 손실에 대해 사업자가 전적으로 책임져야 한다.	법인의 주주는 출자한 지분 한도 내에서만 책임을 진다. 개인에 비해 대외 신뢰도가 높다.
지속성	대표자가 바뀌는 경우 폐업 후 다시 사업자 등록을 내야 하므로 계속성에 한계가 있다.	대표자가 변경되는 경우에도 법인은 그대로 존속하는 것이므로 기업의 계속성이 보장된다.
기타	소규모 사업자의 경우 간단하게 세무 신고를 할 수 있다. 사업자의 변동 사항에 대해 세무서 등에 신고만으로 처리된다.	복식 부기 의무가 있으므로 세무회계 처리 능력이 필요하고 만약 대행을 의뢰하는 경우 수수료가 추가된다. 법인 관련 변동 사업에 대해 등기를 해야 한다.

(출처: "개인사업자 법인사업자 선택의 기로에서 … '멘붕'에 빠트리는 법인설립, 어떡하지?",
〈플래텀〉, http://platum.kr/archives/16795)

어디서 일하는 것이 좋을까?

—

1인 기업은 어디서 일하는 게 좋을까? 개인의 성향과 업무 반경에 맞춰 일하는 장소를 선택하는 것이 좋다. 일하는 패턴에 따라 차이가 있기 때문이다.

〈나는 1인기업가다〉 팟캐스트 토론 주제로 '일하는 장소와 일하는 방법'을 다뤄본 적도 있다. 1인 기업가들이 일하는 장소로는 집, 사무실, 카페 등을 꼽을 수 있고, 요즘은 코워킹 스페이스(사무실 공유)도 고려할 만하다.

직장을 다니다 나오면 일하는 장소에 어느 정도 적응 기간이 필요하다. 바로 카페나 도서관, 집에서 작업할 수도 있지만 개인적 업무 환경에 익숙해지기까지는 시간이 필요하다. 업무 환경에 적응하지 못하고 자괴감에 빠질 수 있기 때문에 셰어 오피스 등 사무실 공간을 이용하는 것도 좋다. 쉽게 찾지 못한다면 코워킹 스페이스를 우선 추천한다. 시작부터 개인 사무실을 확보할 필요는 없으므로 추천하지 않는다.

37시그널스의 창업자 제이슨 프라이드Jason Fried는 사무실은 일하기에 적당한 장소가 아니라며 "사무실은 필요 없다. 일을 제대로 하기 위해서는 몰입이 중요할 뿐 시간(근태)과 장소(사무실)는 필수 요소가 아니다. 오히려 몰입을 가장 방해하는 요인인 상사Manager와 회의Meeting를 없애야 한다"("사무실에서 일이 안되는 이유", 〈TED〉 강연)고 말한다.

업무 시간도 직장인처럼 9시 출근, 6시 퇴근에 맞추지 않아도 된다. 자신이 하는 일의 패턴에 따라 시간을 설계하는 것이 좋다. 여기에 맞는 공간을 찾으면 된다. 1인 기업에 알맞은 공간을 택할 때는 어디인지보다 적응하기 적합한 곳인지를 더 우선적으로 고려해야 한다. 자신에게 맞는 최적의 공간을 선택해 적응하고 비즈니스 영역을 확대해나가면 된다.

나는 10년간 사무실과 카페, 코워킹 스페이스 등 여러 곳에서 일을 했다. 1인 기업은 일하는 상황에 따라 공간을 선택할 수 있다는 것도 매력이다. 시간을 스스로 통제하고 누군가 혹은 어딘가에 구속받는 일은 최소화하면서 자신만의 환경을 만들어야 한다.

나에게 일하기 최적의 장소가 어디냐고 묻는다면 동네 카페라고 답할 것이다. 글쓰기와 강의가 주요 업무인 나에게 카페는 편안하게 작업할 수 있는 공간이다. 집에서 걸어 출퇴근할 수 있고, 비용도 높지 않으며, 한곳에서 두세 시간씩 작업할 수 있기 때문이다.

협업이 늘어난 뒤로는 코워킹 스페이스도 활용하고 있는데, 사람들과 만나기 편리하고 회의 공간도 이용할 수 있어서 좋다. 코워킹 스페이스는 월 20만 원 정도면 사업자 등록 서비스를 낼 수 있고, 도심 한복판에 일하는 공간도 확보할 수 있다. 큰 비용을 들이지 않고 직장과 비슷한 환경, 원하는 곳에서 업무를 볼 수 있다는 장점이 있다. 카페와 달리 사무실처럼 인터넷과 전원, 복합기도 사용할 수 있고, 음료나 업무 편의 시설이 잘되어 있다. 특히 손님이 오면 회의실을 이용할 수 있으며 교육 장소로 활용할 수도 있다. 주차 공간 등 사업을 하는 데 필요한 시설이 마련되어 있어 적극 추천한다.

2-6 나와 맞는 공간은 어디일까?

	사무실	카페	집
장점	• 업무 효율성이 높음 • 업체 미팅이 용이 • 사업자 등록 가능	• 비용이 저렴함 • 선택의 폭이 넓음 • 분위기에 따라 선택 가능	• 비용이 매우 저렴함 • 원할 때 업무가 가능 • 출퇴근 없음
단점	• 비용이 높음 • 관리가 필요함	• 화장실 등 이동이 어려움 • 정해진 공간이 없음 • 사업자 등록 불가	• 자기통제력이 떨어짐 • 매너리즘이 우려됨

일하는 공간 선택 시 고려해야 할 사항

첫째, 가장 중요한 것은 네트워킹 공간이다. 단순히 업무만 보는 경우라면 집과 카페가 좋다. 하지만 외부 미팅이 잦고, 누군가의 도움이 필요하다면 네트워킹이 가능한 공간을 확보해야 한다. 업무 특성상 미팅과 고객 응대가 잦은데 매번 카페를 전전하면 찾아오는 사람도 당황하게 된다. 일례로 광화문이나 종로를 지나치기만 해도 나를 생각하게끔 만들어야 하는데, 오프라인에 연결성이 떨어지면 한가지 가능성을 놓치게 되는 것이다. 장기적으로 첫째, 업무 공간, 둘째, 네트워킹 공간, 셋째, 사업자 등록증 주소지를 확보해야 한다.

둘째, 자기통제나 매너리즘을 벗어나기 위한 출퇴근이 필요하다. 집은 매우 편안하게 일할 수 있는 공간이지만 제한된 곳에서 오랫동안 작업하다 보면 매너리즘에 빠지기 쉽다. 편안하다 보니 자주 쉬게 되어 자기통제 능력도 떨어진다. 자연스레 스스로 일을 처리하는 능력이 하락하고 자괴감이 들게 된다. 이런 현상이 반복되면 1인 기업을 멈추게 될 수도 있다.

혼자 일한다 하더라고 외부 활동을 하며 변화를 가져야 한다. 가능하다면 집에서 가까운 카페에서 일하고 지인의 사무실도 찾아가 다른 사람들이 일하는 모습도 보며 자극받기를 권한다. 이런 자극은 시장에서 바쁘게 일하는 사람들을 보면서 마음을 다지는 것과 비슷하다.

셋째, 온라인 저장소를 활용하라. 혼자 모든 작업을 해야 하므로 자료 관리 또한 필수다. 온라인 저장소를 활용하면 이동이 잦은 경우에도 업무를 볼 수 있다. 또한 이런 작업이 확대되면 일하는 공간을 좀 더 자유롭게 선택할 수 있다.

사업을 시작하기 전에 반드시 따져봐야 할 것
—

1인 기업을 준비하면서 주의할 점은 본인이 평생 해야 하는 일인 만큼 다른 누군가의 판단에 의존하기보다 스스로 충분히 검토하고 조사해서 정리해야 한다는 것이다. 이렇게 준비된 결론을 외부에 공개하고 검토 과정을 거친다면 만족도와 실현 가능성이 높아진다.

갑자기 떠오른 사업은 조심하라

여러 사람을 찾아가 상담을 하다 보면, 아는 선배나 교수로부터 '너는 이것이 잘 어울리니 한번 해보라'라는 권유를 받을 수 있다. 즉흥적으로 떠오른 아이디어를 직업으로 생각하는 것은 매우 위험하다.

먼저 충분한 검토를 거쳐야 한다. 잘하는 분야인지, 관심이 있거나 하고 싶은지, 미래에도 가치가 있을지 생각해보라. 직장을 5년 이상 다녀 해당 업무와 연관성이 있다면 모를까, 아이디어만으로 낯선 분야에서 승부를 보기는 불가능하다.

반대로 이런 경우가 있다. 10년 넘게 본인이 잘해왔고, 좋아하는 분야임에도 사업으로는 구체적으로 정리가 되지 않았을 수 있다. 그러다 어느 순간 실마리가 풀릴 때가 있다. 이런 아이디어는 충분히 가치 있을 수 있지만, 그래도 한 번 더 비즈니스적인 차원에서 정리가 필요하다. 자신이 해오던 분야로 사업을 추진할 경우 초기에 구상만 잘해도 유리한 형태로 비즈니스를 풀어갈 수 있다.

일에 대한 가치 부여가 먼저다

되는 일과 안 되는 일이 있다는 경계를 짓지 마라. 당장 돈은 되지만 가치가 떨어지는 일은 쉽게 그만둘 것이다. 반대로 당장 돈은 안 되지만 만족도가 높거나 가치가 높다면 지속적으로 하게 된다. 그것이 바로 일에 대한 개인의 가치다.

1인 기업가는 특히 일에 대한 자기만족이 있어야 지속성을 가진다. 자신의 일이 아닌 남의 일을 해주는 경우도 있지만 그러면 빨리 지치기 쉽다.

한 예로 외주 전기 공사 작업을 5년 정도 해오던 1인 기업이 있다. 일거리가 많아지면서 주말에도 쉬지 못할 정도로 바빴다. 외부 인력이 필요한 경우가 늘어나면서 직원을 늘려야 하나 고민을 하게 된다. 그러나 수입이 안정적으로 확보되지 않기에 쉽게 직원을 뽑을 수도 없다. 이 정도 상황이 되면 '과연 내가 지금 하는 일을 지속적으로 해야 할까' 후회하기 쉽다. 생계는 해결되었지만 남의 일만 하다 보면 일에 대한 만족도가 떨어진다. 어찌 보면 회사를 다닐 때와 상황이 변하지 않은 것이다.

1인 기업가는 영업부터 시공, 관리를 모두 아우르면서 맘고생까지 해야 한다. 또한 클라이언트의 요구에 맞춰서 작업해야 하기에 여기서 나오는 문제도 해결해야 한다. 고민이 많은 만큼 일에 대한 가치를 갖지 못한다면 지속하기 어렵다.

특히 1인 기업을 시작한 지 3년 정도 되면 이런 고민은 매우 심각하게 작용한다. 이럴 때 지속 여부가 결정되는데, 이때 중요한 것은 다른 사업과의 차별성 확보다. 차별성을 만들지 못하면 결국 어떤 가치도 얻지 못해 일을 멈추기도 한다.

1인 기업가의 명함 전략

—

명함은 직장인이나 1인 기업가 모두에게 중요하다. 1인 기업가에게 명함은 그 자체로 퍼스널 브랜드이며 포트폴리오다. 명함 한 장에 모든 것을 채워 넣을 수는 없지만 최소한의 비즈니스 전략은 담아야 한다. 사람을 많이 만나는 와중에도 누가 무슨 일을 하는지 쉽게 기억되는 경우가 있다. 십중팔구 자신의 일을 잘 드러낸 명함을 건넨 사람이다.

명함은 단순하게 만들어라

앞뒤로 **빽빽**한 명함을 받았을 때 어떤 생각이 드는가? 명함에 적힌 내용이 모두 궁금해 질문을 하게 될까? 아니면 그냥 보관하다 기억에서 지우게 될까? 이런 명함을 받은 사람은 대부분 상대방이 어떤 사람인지 궁금해하기보다 특징도 개성도 없다고 생각할 것이다.

명함을 식당 메뉴판과 비교해보자. 어떤 것을 선택해야 할지 모를 만큼 가짓수가 많은 메뉴판을 받으면 보통 '특색이 없구나' 하고 판단하게 된다. 명함은 그 사람의 얼굴이며 동시에 상품 소개서다. 상품 소개서를 보였다면 상품을 선택할 수 있게 만들어야 한다. 그래야 고객도 확보되는 것이다.

좋은 명함은 어떤 명함일까? 정철 카피라이터의 명함에는 다른 설명 없이 "정철입니다"라는 말만 적혀 있다. 자신감과 특징을 그대로 보여주는 명함이다. 단순함의 극치다. 물론 이런 명함은 아무나 들고 다닐 수 없다. 이미 그 업계에 이름이 알려져 '얼굴이 명함'인 사람에게나 효용이 있는 명함이다.

내 명함에는 이름, 회사 이름, 직업, 연락처, 이메일이 기재되어 있으나 회사 주소는 없다. 대부분의 일을 온라인으로 하기 때문에 불필요한 요소라고 생각되는 것은 과감히 줄였다. 외국의 1인 기업가 중에는 빼곡한 자기 소개 대신 링크드인과 페이스북 주소를 넣은 명함을 내미는 경우도 적지 않다.

나는 명함 지갑에 두 종류의 명함을 넣고 다니면서 만나는 사람에 따라 다른 명함을 준다. 분위기에 따라 선택하기도 한다. 각각 다른 특징을 가졌기 때문이다. 그중 한 명함에는 차 쿠폰이 달렸다. 나루터 김호근 대표가 준 아이디어로 제작한 명함이다. 명함을 건네면 십중팔구는 이 쿠폰을 어떻게 사용하느냐고 묻는다. 명함이 나를 정확하게 소개할 기회를 만들어주는 것이다. 송길영 전 다음소프트 부사장은 이 명함을 보고 최고의 아이디어라고 극찬했다.

명함에 주제를 담아야 한다

책을 출간하면서는 책과 어울리는 캐릭터 명함을 제작했다. 팟캐스트를 함께 진행하는 '너굴양(일러스트 작가 정희정)'이 내 캐릭터를 만

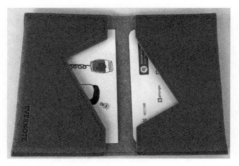

들고 그것을 《프로들의 에버노트》(영진닷컴, 2015) 머리말에 넣어 일
관성을 부여했다. 책을 본 독자라면 머리말에서 본 캐릭터를 명함으
로 다시 볼 때 친밀감을 느낄 것이다. 손 그림이 들어간 캐릭터 명함
은 친근함도 주어 자연스럽게 대화를 이어가게 한다. 매년 다른 내

홍순성
010-5241-1860 / SShong@sshong.com
홍스랩 소장, 에버노트 저자, 클라우드 컨설턴트 및 강사
sshong.com
Evernote Ambassador Public Speaking

용의 책을 출간할 때마다 책과 어울리는 캐릭터를 사용하니 매우 효과적이었다.

처음 인사를 나눌 때 어떻게 시작하느냐에 따라 이후 관계가 달라진다. 1인 기업가라면 더욱 그렇다. 명함은 처음 만나는 사람들에게 가장 짧은 시간에 나를 알리는 도구이며 메시지를 마무리하는 역할을 한다. 고객에 따라 맞춤한 명함을 제작해도 좋다. 고급스럽게 디자인된 명함이라도 큰 특징이 없다면 명함 지갑에 넣고 잊어버린다. 꼭 기억하라. 사람들과 만나서 이야기할 때 명함은 첫 번째 얼굴이다.

명함 관리 방법

쌓이고 쌓인 명함을 어떻게 관리하면 좋을까? 명함을 잘 정리하기 위해서는 현장을 기록하는 일부터 해야 한다. 나는 명함의 빈 공간에 상대의 특징을 메모한다. 만난 일자, 소개해준 사람, 어떤 일로 만났고 인상적인 점은 무엇이었는지도 적어둔다. 다만 상대 앞에서 명함에 메모를 하는 것은 큰 실례이니 헤어진 뒤에 정리하도록 하자.

스마트폰에서 명함을 관리하는 서비스도 있다. 대표적인 애플리케이션으로는 '리멤버Remember'가 있다. 명함을 찍어서 올리면 리멤버가 수기로 정보를 입력하고 주소록에 자동으로 등록된다. 리멤버 사용자가 자기 정보를 수정하면 이 수정된 정보가 등록자에게도 바로 반영되니 직장을 옮겼다고 일일이 알릴 필요가 없다. 에버노트Evernote에도 보관이 가능하다. 명함을 찍어 보관해두면 내용이 키워드로 인식되어 검색이 편리하다.

사회 초년생이 1인 기업을 하고 싶다면?

—

대학을 졸업하고 조직 경험 없이 바로 1인 기업에 도전하는 것에는 많은 위험이 따를 수 있다. 경쟁 상대보다 전문성과 네트워크가 부족하기 때문이다. 아무리 규모가 작아도 전체적으로 기반이 마련되어 있어야 사업하기가 수월하다. 구체적인 상품 없이 아이디어 중심으로 사업을 시작하면 시행착오를 겪을 수밖에 없다.

사회 초년생이 사업을 하고 싶다면 어떤 준비가 필요할까?

첫째, 조직에 대한 이해와 커뮤니케이션 능력이 필요하다. 1인 기업가는 사회라는 큰 조직과 일을 해야 한다. 따라서 조금 어렵더라도 조직을 이해하고 일하는 사람들과 경험을 갖추는 것이 좋다. 어렵지 않게 풀어갈 수 있는 일도 커뮤니케이션 능력이 부족해 그르치는 경우가 생긴다.

둘째, 자신만의 상품을 만드는 데 투자하라. 1인 기업가에게 가장 중요한 것을 상품이다. 즉, 누군가에게 판매할 수 있는 상품을 만드는 것이 우선이다. 일례로 강사는 자신의 전문 콘텐츠를 기업이나 교육받는 사람들에게 판매한다. 나처럼 강의를 자주 하는 사람은 책을 기반으로 상품(콘텐츠)을 만들기를 권한다. 자신만의 상품이 1인 기업의 시작이고, 이것을 지속할 수 있는 방법에 관심을 기울여야 오랫동안 생존할 수 있다.

대학생이나 사회 초년생들이 1인 기업을 하고 싶다며 조언을 구하면 나는 가급적 3~4년 정도는 조직 생활을 한 후 도전하라고 말한다. 이 시간 동안 1인 기업을 준비할 수도 있고 네트워크도 얻을 수 있다. 젊은 세대들은 기존 세대보다 온라인을 잘 활용하기 때문에 강점이 많다. 그러나 사업이란 철저한 준비 과정과 전략 구축도 필요하다는 것을 잊지 말아야 한다. 마지막으로 인생에 사는 재미를 불어넣었으면 좋겠다. 이를 위해 지금부터 무엇을 해야 할지 생각하고 하루를 시작했으면 한다. 이것이 쌓이고 쌓이면 1년 후, 3년 후 또 다른 나를 만날 수 있다.

1인 기업 지원 프로그램
—

스타트업 및 벤처 분야와 달리 1인 기업을 위한 창업 지원 프로그램은 다양하지 않다. 1인 기업을 위한 정부의 지원 사업으로는 공간 혹은 홈페이지 지원, 정부 과제 개발 프로그램 등이 있다. 정부 과제 등의 프로그램은 연초에 소개되며, 시설이나 공간은 상시 제공하기도 한다.

중소기업청에서 제공하는 지원은 1인 창조기업(중소기업청에서 정의하는 1인 창조기업은 이 책에서 말하는 1인 기업가와 크게 다르지 않다) 대상이 되어야 하며, 실제 사업 형태와 사업자 등록상 업종을 비교해보고 판단할 수 있다. 누구나 1인 창업 지원 프로그램을 신청할 수 있는 것이 아니라 '1인 창조기업 비즈니스 센터 정회원 신청하기'에 별도로 신청을 해야 한다. 1인 창조기업이란 개인이 사장이며 동시에 직원인 기업이다. 창의성과 전문성을 갖춘 1인이 상시 근로자 없이 사업을 영위하는 자(단, 부동산업 등 대통령령으로 정하는 업종을 영위하는 자는 제외)이다.

1인 창조기업 분류

- 법적 기업: 개인 사업자, 법인 사업자(주식회사, 유한회사)
- 잠재적 기업: 프리랜서, 예비 창업자
- 공동 창업자, 공동 대표, 공동 사업자 등 공동으로 사업을 영위하는 자가 5인 미만인 경우 인정
- 1인 창조기업이 규모 확대의 이유로 1인 창조기업에 해당되지 아니하게 된 경우에도 3년간은 1인 창조기업으로 인정
- 상시 근로자를 사용하지 않고 있는 기간이 연속 1개월 이상이었던 자
- 1인 창조기업 외의 기업과 합병하거나 창업일이 속하는 달로부터 12개월 이전에 중소기업에 해당하지 아니하게 된 경우는 제외

더욱 자세한 안내는 중소기업청 홈페이지(https://www.k-startup.go.kr)를 참조하라.

1인 창조기업 비즈니스 센터 안내

중소기업청에서 제공하는 1인 창조기업에 해당되면 다양한 혜택을

항목	내용
사무 공간	사무(작업) 공간 및 회의실, 상담실, 휴게실 등 비즈니스 공간 지원
경영 지원	세무·회계·법률·마케팅·창업 등 전문가 상담, 교육, 정보 제공 등 경영 지원(무료)
사업화 지원	1인 창조기업과 외부 기관(기업) 간 프로젝트 연계 및 수행 기회 제공, 지식 서비스 거래 및 사업화 지원
시설 이용	팩스, 프린터, PC 등 사무 집기 지원

받을 수 있다. 사무 공간이 제공되고 세무·법률 등에 대한 전문가 자문과 교육 그리고 경영 지원, 비즈니스 창출 및 사업화를 지원한다. 지원 대상은 1인 창조기업 및 1인 창조기업 예정자이며, 신청 기간은 연중 수시다.

1인 창조기업으로 확인되면 이후 '1인 창조기업 패밀리 카드'가 발급된다. 정회원으로 가입하면 서울을 비롯하여 각지에 있는 1인 창조기업 비즈니스 센터를 이용할 수 있다.

1인 창조기업 제공 연간 프로젝트

매해 상반기 중소기업청 홈페이지에는 사업 부문별로 '1인 창조기업' 지원 대상을 선정하고 다양한 지원 혜택을 제공한다. 아래는 2016년에 지원한 주요 사업 내용이다.

1인 창조기업/컨설팅

- 사업 목적: 마케팅 능력이 부족한 1인 창조기업에 수행 기관을 통한 맞춤형 마케팅을 지원하여 1인 창조기업의 사업화 역량을 강화
- 지원 대상: 「1인 창조기업 육성에 관한 법률」에 의한 1인 창조기업 또는 예비 1인 창조기업
- 지원 규모: 2016년 46억 원, 450개 내외 1인 창조기업
- 지원 내용: 1인 창조기업이 보유한 아이템의 사업화를 위해 필요한 세부 과제 수행 비용 중 일부를 성장 단계별로 지원, 총 소요 비용의 80퍼센트, 업체당 1,000만 원 이내(전년도 매출 2,000만 원 미만 기업의 경우), 총 소요 비용의 80퍼센트, 업체당 2,000만 원 이내(전년도 매출 2,000만 원 이상 기업의 경우)

창업 성장 기술 개발-1인 창조기업 과제

- 사업 개요: 신기술·신제품 개발이 가능한 아이디어 및 기술을 보유한 1인 창조기업에 기술 개발 자금 지원
- 지원 규모: 204억 원(약 300개 과제 지원)
- 지원 대상: 「1인 창조기업 육성에 관한 법률」 제2조에 해당하는 1인 창조기업 중 창업 후 7년 이하인 기업을 대상으로 기술 개발 지원
- 지원 내용: 창업 후 7년 이하인 1인 창조기업에서 필요한 기술 개발 자금을 총 사업비의 80퍼센트 이내에서 1억 원(개발 기간 1년)까지 지원

chapter 3 | 1인 기업
운영의 실제

기업가 마인드로
무장하기

1인 기업가의 성공적인 사업 운영을 위한 네 가지 요소

—

1인 기업이 되었다면 이제부터는 운영에 관심을 가져야 한다. 1인 기업은 직장 생활의 연장이라고 볼 수도 있지만 내 경험상 추가로 배우고 익혀야 할 것이 많다. 시작할 때는 시간 관리와 매출 관리에 시간을 많이 투자하게 된다. 이제까지는 전혀 관심이 없었다 하더라도 1인 기업가는 마케팅, 세무 지식, IT 지식에 관심을 가지고 익혀야 한다. 또한 직장 생활과 달리 결정과 책임을 다른 누군가에게 전가할 수 없기에 판단의 근거가 되는 충분한 정보를 가져야 하고, 풍부한 경험으로 올바른 판단을 내릴 수 있어야 한다.

1인 기업가가 반드시 익혀야 할 지식으로는 자료 관리, 관계 관리, 영업 관리가 있다. 조직에서 여러 사람이 해결하던 업무를 혼자 감당해야 하기 때문이다. 이런 낯선 지식을 사업 초기부터 완벽하게 꿰뚫을 수는 없다. 단계별로 하나씩 익히는 방법을 권한다.

1인 기업가의 성공적인 사업 운영을 위한 네 가지 요소

　첫째, 시간 관리다. 일은 서로 유기적으로 연결해 풀어야 한다. 시간 관리를 어떻게 하느냐에 따라 업무의 효율성이 달라진다. 작업에 쏟아야 하는 시간을 배우고 익히고 시행착오를 하는 데 소모하면 안 된다. 이를 위해서는 반복적으로 발생하는 시간을 관리하고 마감 기한을 제대로 지켜 시간의 병목현상을 줄여나가야 한다. 이것이 일의 효율이기도 하다.

　둘째, 수익 확대다. 고객의 요구에 맞는 제품을 만들어 판매하기까지는 상당한 시간과 노력이 필요하다. 이를 위해 단계별 과정이 중요하다. 만약 충분한 노하우가 있다면 높은 수익을 올릴 수 있을 것이다. 여러 단계별 작업 과정이 유기적으로 연결되어 있다 보니, 이를 위한 운영 노하우는 더없이 중요하다.

　셋째, 전문성 확보다. 처음부터 모든 운영 노하우를 익힐 수는 없겠지만, 1~2년의 경험으로 여러 가지를 배웠다면 이후부터는 원하는 일에 상당한 시간을 투자할 수 있는 여력이 확보됐을 것이다.

넷째, 정보 관리 능력이다. 정보를 제대로 관리하면 제품을 더욱 체계적으로 완성할 수 있고, 마케팅 정보를 가질 수 있어 제품 판매 능력도 높아진다. 인맥을 통해 고객을 확대하는 것까지 가능하므로 목표에 가까이 다가가 최상의 결과를 만들 수 있다.

직장인 마인드에서 벗어나라

오랜 시간 다니던 회사를 퇴사하고 난 뒤 일정 기간은 직장 프레임에 갇혀 지내게 된다. 9시부터 6시까지는 일을 하고, 업무 시간에는 그 외 다른 일을 하면 안 되고, 자유롭게 시간을 쓸 수 있는데도 친구들과의 약속은 퇴근 시간 이후에 잡아야 안심이 된다. 다른 사람의 눈치를 볼 것도 없고, 지시받을 필요도 없지만 기존 패턴대로 움직이는 자신을 만나는 것이다. 습관의 힘이다.

　1인 기업의 특혜 중 하나는 자신에게 맞는 패턴으로 일할 수 있다는 점이다. 나는 퇴사 후 처음에는 강남에 있는 지인의 사무실을 함께 사용했다. 이때는 1년 넘게 아침 9시에 출근하고 저녁 6시에 퇴근했다. 간혹 이 규칙을 벗어날 때도 있었지만, 그렇게 해야만 잘될 것 같았고 일하는 것 같았다. '나는 직장인이 아니구나, 상사의 눈치를 볼 필요가 없고 지금 하는 일에 충실하면 되는구나'라고 자각하게 된 것은 1년이 훨씬 지난 후였다. 이후로는 중요도에 따라 미팅을 여유롭게 잡기도 하고, 남들이 일하는 시간에 가족과 조조영화를 보러 가거나 여행을 다니기도 했다. 중요한 것은 자신에게 맞는 패턴을 찾는 것이며, 시간을 관리하는 방법을 강구하는 것이다.

출퇴근에 의존하지 말고 일에 초점을 맞춰라

업무 패턴을 만들 때는 일하는 방식에 초점을 맞추는 것이 좋고, 업무량이 많을 때는 집중해서 일할 수 있는 사무실이 좋다. 반면 편안하게 업무를 봐도 될 때는 조금 낯선 곳에서 기분을 전환하고 일을 하는 것도 도움이 된다.

나는 오랫동안 카페에서 일했다. 이때는 오직 일에 초점을 맞춰 공간을 찾았다. 책을 쓰는 곳, 아이디어를 내고 기획하는 곳, 미팅이나 회의를 해야 하는 곳 등 업무 성격에 맞춤한 공간을 찾아서 일하는 것도 매력적이다. 1인 기업 10년 차가 되면서부터는 비즈니스 센터도 이용하기 시작했다.

간혹 늦게까지 술을 마신 탓에 이튿날 제대로 생활하기가 어려울 때도 있다. 이럴 때 출근을 해야 하는지 말아야 하는지에 대한 질문을 의외로 자주 받는다. 이런 경우에는 이튿날 일정에 맞춰서 행동하라. 만약 이튿날 오전에 중요한 일정이 있다면 정상적으로 출근해야 한다. 일정을 모두 소화한 뒤 휴식하는 것이 맞고, 오후 일정이 있다면 오전에 컨디션을 조절하는 것이 좋다.

나는 이런 질문을 하는 사람들의 마음을 잘 안다. 직장 생활을 할 때는 힘들더라도 출근을 지켰는데 한두 번 출근을 빼먹다가 게을러지지 않을까 걱정하는 것이다. 나쁜 버릇은 쉽게 습관이 되니 말이다. 1인 기업가는 습관도 조절할 수 있어야 한다.

비즈니스 마인드를 세팅하라

일하는 시간을 늘리기보다 필요한 시간을 만드는 것이 중요하다. 내게 필요한 시간을 만들고, 그 시간에서 돈을 버는 시간을 늘리는 방법이 중요하다. 결과를 예상하고 시간을 투자해야 한다.

문제는 처음부터 이렇게 자신만의 비즈니스 원칙을 세우기가 쉽지 않다는 것이다. 초기에는 약간의 가능성만으로도 움직이기 마련이다. 불러주면 어디든 가는 것이다. 그러면서 혹시 불필요한 일에 시간을 투자하는 것은 아닐까 염려도 한다. 전혀 그렇지 않다. 만약 도움을 요청한 사람이 어려운 상황이었다면 나중에라도 보답받을 것이다. 이렇게 지속적인 씨 뿌리기가 중요하다. 만약 이런 씨 뿌리기가 가치 없다고 여긴다면 어떤 가능성도 생기지 않는다.

1인 기업의 실패 사례 중에는 '왕년에 내가 말이지…'라며 자존심만 내세우거나, 수익은 고려하지 않고 가치만 이야기하는 경우가 많다. 가치 추구를 위해 1인 기업가의 길로 들어섰다 해도 사업을 해야 한다며 수입 없는 가치 추구에 매달리면 지속할 수 없다. 따라서 무엇이 필요한지 충분히 고려한 후 일하는 방법을 풀어가야 한다.

장기 목표에 시간을 투자하라

단기 목표보다 장기 목표를 바라보고 시간을 투자해야 한다. 생존과 맞물렸을 때 바로 이 점을 실천하기가 가장 어렵다. 장기 목표를 가져야 실수도 줄일 수 있고 좋은 사람들과 지속적으로 연결될 수도 있다. 장기 목표에 시간을 투자하기 위해서는 첫째, 목표 설계 후 시간을 분배하라. 무조건 시간을 늘리기보다 목표를 정한 후 그 목표에 다가서도록 시간을 꾸준하게 늘리는 방법을 고려해야 한다. 1인 기업은 최소 1년 단위로 사업 목표를 세우되 3~5년을 내다보고 목표를 잡아야 한다.

둘째, 장기 목표 달성을 위해 하루 한 시간씩 투자하라. 장기적인 목표를 세우고 하루 한 시간만 꾸준히 투자해보라. 만약 하루 여덟 시간 일을 한다면 그중 한 시간 정도는 미래의 목표와 비전에 투자하기를 권한다.

셋째, 3년 후, 5년 후 나의 모습을 그려라. 지금의 모습보다 미래의 모습을 그려보면 무엇을 해야 할지 더 선명해진다. 자칫 무의미한 것에 시간을 낭비할 수도 있으니 말이다. 중요한 것은 자신이 원하는 삶을 만드는 것이다.

1인 기업의 시간과 수입 관리

—

1인 기업을 하면서 '직장 다닐 때 받던 월급 정도 벌면 되겠지'라고 생각하면 안 된다. 나의 경험과 주변의 이야기를 종합해본 결과 기존에 받던 월급보다 최소 1.5배 정도는 더 벌어야 한다(1년 총액 기준).

수입이 일정한 간격으로 발생하는 1인 기업은 흔하지 않다. 어느 달은 수입이 많고 어느 달은 전혀 없을 수 있다. 1~2년 정도 일을 하면 수입의 패턴이 생긴다. 그 패턴에 따라 매출을 관리하는 요령도 기업 유지에 무척 중요하다.

시간 관리와 매출 관리는 1년 단위로 하라

나의 주 수입원은 인세, 강의, 컨설팅이다. 나름대로 수입의 다각화 구조를 만든 것이다. 이렇게 만드는 데 5년 정도 걸렸다. 이제 나는 이 수익 구조를 맞추기 위해 강의 혹은 집필 시기를 조정할 수 있다. 업무 시간 관리와 그에 따른 매출 관리의 모든 단위는 월이 아니라 연 단위로 한다.

이를테면 휴가 시기인 여름에는 강의 수요가 줄어든다. 이때는 몰입해서 많은 시간을 투자해야 하는 집필 작업을 한다. 여름에 집필한 책은 가을이나 겨울쯤 출간되고, 이 책이 기업에 홍보되면 강의 요청이 늘어나면서 매출도 오른다. 새로운 책을 출간한 후에도 다음

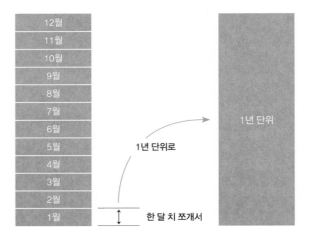

책 준비를 위해 정기적으로 일정한 시간을 가진다. 앞서 설명한, 미래를 위해 하루 한 시간 투자하라는 조언의 예시가 바로 이 경우다. 적은 시간이나마 규칙적으로 준비한다면 이듬해에는 또 새로운 책을 출간할 수 있다.

자신만의 패턴대로 시간과 매출을 관리할 수 있다는 것 역시 1인 기업의 매력이다. 단, 직장에서 받은 월급처럼 월 단위로 수입을 맞추는 것은 무척 어렵다. 수입이든 업무 계획이든 1년을 단위로 잡는 것이 바람직하다.

시간 관리도 직장을 다닐 때와는 많이 다르다. 누구의 눈치도 볼 필요 없지만 정해진 목표에 따라 움직일 때 시간을 쪼개서 관리하는 것이 아닌, 시간을 단축하는 일에 초점을 맞춰야 한다. 3~5년 후의 미래를 보고 설계를 하고, 이 기간을 단축해 목표를 달성하면 그만큼 효율이 높아지는 것이다.

시간과 목표 관리를 위해 항상 나 자신에게 묻는다. "앞으로 3년 후, 5년 후, 10년 후 어떻게 될 것 같아?"라고 말이다. 절망적인 답이 돌아오면 지금의 나를 질책하고 변화를 시도했다. 잘하고 있다고 판단되면 더욱 가치 있는 것을 만들려고 했다. 그리고 좀 더 집중하기 위해 일상에서 불필요한 것을 버리기 시작했다.

첫째, 가장 먼저 운전대를 버렸다. 운전대를 놓는 순간 생각하는 시간도 늘어나고 두 손도 자유로워졌다. 덕분에 오랫동안 지속적으로 글을 쓸 수 있었다. 이동 중에 선택할 수 있는 것이 많다 보니 할 수 있는 일도 늘어났다.

둘째, 무거운 가방을 버렸다. 모든 것을 가방에 넣고 다니며 일을 하다 보니 가방은 점점 무거워졌다. 가방 안에 물건이 가득해 필요한 물건을 바로 찾기도 쉽지 않았고, 잃어버릴까 염려되어 항상 등에 메고 있는 경우가 많았다. 옷 입는 데도 제한이 생겼다. 그래서 가방 무게를 줄여나가기 시작했더니 일하는 방법도 덩달아 개선되었다. 일하고 싶을 때는 맘껏 일한다. 물건을 단순화하니 딴 곳에 마음을 뺏기지 않아 작업 효율성이 높아졌다. 대신 온라인 저장소 활용을 높였다.

셋째, 조급함을 버렸다. 혼자 일하는 것은 언제나 불안하고 초조하다. 이런 불안함과 초조함이 어려운 상황을 만든다. 특히 파트너와 일을 같이할 때는 좋은 결과를 만들어야 한다는 부담이 커서 조급함을 보이는 경우가 잦았다. 그러나 이것이 나에게도 파트너에게도 좋지 않다는 것을 깨닫고 조금 느리더라도 완성도를 높이는 데에 노력을 더 기울였다. 모든 일에는 순서가 있다. 내가 조급하게 군다고 뒤의 일이 당겨지는 것이 아니다.

자투리 시간을 허투로 보내지 마라

하루 24시간은 누구에게나 주어진다. 휴대폰이 지금처럼 보급되지 않았을 때 사람들은 자투리 시간을 독서하거나 아이디어를 정리하는 데 사용했다. 나도 그렇지만 많은 사람들이 책상 앞에 앉아 있을 때보다 걸을 때 좋은 생각이 많이 난다고 한다. 따라서 자투리 시간에 휴대폰을 들여다보는 대신 책을 읽거나 메모를 하면 좋다. 특히 독서는 자투리 시간을 활용해서 할 만하다. 개인적으로도 이동할 때 하는 독서로 일주일에 두 권 넘게 읽었다. 출퇴근하면서 소비되는 시간, 업무 미팅으로 이동하며 생기는 시간, 잠자기 전의 짧은 시간을 그냥 놓아버리는 것은 아깝다. 이런 모든 시간을 독서와 메모 등으로 채워도 좋다.

자투리 시간에 스마트 기기를 활용하면 특히 편리한데 첫째로 아이디어를 기록하는 데 용이하다. 종이 메모를 스마트 기기로 대신하면 일단 검색이 쉽다. 이 경우 웹과 동시에 작업이 가능한 프로그램을 선택하면 좋다.

둘째, 업무 연결성이 확대된다. 이동 중에는 복잡한 문서 작업을 할 수 없지만 간단한 업무는 얼마든지 처리할 수 있다. 자료 수집이나 문서를 살펴보는 일, 이메일을 확인하는 작업 등은 자투리 시간에 해두면 그만큼 시간이 절약된다. 자투리 시간을 업무 준비 시간으로 활용할 때 스마트 기기는 그 역할을 충실하게 수행한다.

셋째, 급한 업무를 처리하기 좋다. 스마트 기기를 모바일 오피스로 활용하는 것이다. 손 안의 모바일 오피스로 급한 업무를 바로 처리할 수 있다. 이동하며 생기는 자투리 시간을 업무에 활용하기 위해서는 불가피한 경우가 아니라도 대중교통을 활용하는 게 좋다는 판단이다.

나는 자투리 시간을 활용해 지금 이 책을 집필하고 팟캐스트 방송을 준비했다. 이동 중에 생각한 내용을 정리해 책을 완성했고, 팟캐스트 원고를 작성했다. 예컨대 유튜브에 올릴 2~5분짜리 동영상 작업도 준비하는 데 걸리는 시간도 만만치 않다. 그러나 이동 중에 스치는 아이디어를 버리지 않고 하나씩 정리한다면 비교적 수월하게 할 수 있다. 이렇게 만든 영상을 텍스트로 정리한 것이 또 책이라는 결과물로 탄생했다.

점심시간 활용법

1인 기업가는 혼자 점심을 먹는 경우가 잦다. 직장인이 붐비는 12시에서 1시 사이에 식당을 찾아 혼자 4인 테이블을 차지하면 식당 주인도 달가워하지 않는다. 이럴 때는 모르는 사람과 합석해야 한다. 점심시간에 한 명은 받아주지 않는 식당도 있다. 그래서 주로 늦은 시간에 점심을 먹거나 패스트푸드로 해결했다. 그런데 이런 모습이 좀 처량하게 느껴져 점심시간을 따로 만들지 않기로 했다. 그랬더니 매번 약속 잡을 필요도 없고, 혼자 먹는 것 때문에 고민할 필요도 없었다. 점심시간을 정하지 않고 업무를 하다가 배가 고프면 식사를 했다.

좀 이르게 점심을 먹는 것도 방법이다. 15년 차 1인 기업가인 한 지인은 항상 이른 시간에 점심을 먹고 다음 일정을 소화한다. 직장인과 겹치는 경우가 없어 불편하지 않다고 했다. 아침 시간도 활용하기 좋고, 식사 뒤에는 여유 있게 산책을 한다고 한다.

이제는 점심 식사 약속이 잡히면 먹고 아니면 안 먹는다. 비슷하게 생활하는 지인 중 한 사람은 점심시간을 이용해 글을 쓴다. 이 시간에 쓴 글로 1년에 한 권씩 책을 낼 정도다. 사람에 따라 다르겠지만 점심시간이 꼭 12시부터 1시라는 고정관념은 깨는 것이 좋다.

시간 관리를 위한 다섯 가지 팁

첫째, 불필요한 시간을 줄인다. 하루, 한 주, 한 달을 지켜보면 반복적으로 소요되는 시간이 있다. 이것을 체크해서 줄이는 방법을 강구하라. 같은 자료를 매번 찾는다거나, 출퇴근 시간이 너무 길거나, 약속을 너무 자주 잡거나 하는 형태다.

둘째, 운전대를 버린다. 이동하는 길에 보내는 시간은 생각보다 길다. 대중교통을 이용하면 이 시간에 책을 읽거나, 스마트폰으로 정보를 습득하거나, 글을 쓸 수 있다

셋째, 점심시간을 활용한다. 보통 혼자 생활하다 보니 점심시간은 골칫거리 중 하나다. 이럴 때 매번 약속을 잡아 시간을 보내지 말고 자신만의 업무를 하거나 지인들과 정기적인 브런치 모임을 하며 네트워크를 만드는 것도 좋다.

넷째, 자료 관리로 찾는 시간을 줄인다. 파편화된 자료를 제대로 관리하는 것도 시간을 절약하는 데 큰 도움이 된다. 자주 사용하는 자료를 필요할 때마다 찾는 것은 시간 낭비다. 에버노트 같은 정보 관리 도구를 이용하는 등 자료 관리를 통합적으로 하는 것이 바람직하다.

다섯째, 생각을 정리해 글로 남긴다. 아이디어를 메모하는 데 그치지 말고, 생각한 것을 꾸준하게 정리하는 것이 좋다. 수첩을 활용하거나 마인드맵, 워크플로위(workflowy, workflowy.com을 참고하라)와 같은 생각 정리 프로그램을 이용하면 좋다.

자기관리 능력을 가져야 한다

—

자기관리는 1인 기업으로 살아가는 데 가장 중요하면서도 어려운 일이다. 1인 기업가가 된 후 가장 많이 받은 질문 중 하나가 바로 자기관리 방법이다. 새로운 트렌드에 맞춰 변화를 시도하거나 매년 책을 집필한 것이 자기관리의 산물이다.

매년 조금씩 발전한 나의 모습도 1인 기업가가 되어서 가능했다고 생각한다. 출퇴근에 영향받지 않고, 불필요한 조직 생활에 시간을 쏟을 필요도 없고, 삶의 목표를 설정해 인생을 만들어갈 수 있었다. 그렇다면 10년 동안 어떻게 자기관리를 해왔는지 정리해보겠다.

첫째, 꾸준한 정보 관리다. 올바른 생각과 판단은 결국 정보에 의해 결정된다. 일을 하다 보면 정보가 부족해서 생기는 문제에 직면하는 경우가 많다. 실효성 있는 좋은 정보를 갖기까지는 상당히 오랜 시간이 걸린다. 정보를 모을 때는 당장 추진하는 업무 분야는 물론 장기적으로 세운 목표에 필요한 정보도 꾸준히 모으고 정리해야 한다. 매일 신문을 읽듯 관심 분야에 대한 정보가 모이는 곳에 꾸준히 드나들며 정보를 취합하려는 노력이 필요하다.

수집한 정보를 이해하지 못했다면 뒤로 미루지 말고 바로 완벽하게 이해하려고 노력해야 한다. 이해하지 못한 정보는 어디에도 쓸모가 없다. 정보의 질에 따라 갈 길의 방향도 정해지며, 정보를 보는 수준에 따라 선택의 기준점도 달라진다. 따라서 스스로 좋은 정보를 가려낼 수 있는 힘을 길러야 한다.

둘째, 폭넓게 네트워킹하라. 혼자 일을 하다 보면 생각과 정보가 고립될 수 있다. 이를 해결하기 위해서는 자기 분야의 전문가와 자주 만나야 한다. 어떤 사람과 네트워킹해야 하냐는 질문을 자주 받는데, 정답은 없다. 많은 사람들을 만나봐야 나와 잘 맞는 사람 혹은 내 일에 도움을 주는 사람을 만날 확률이 높다. 다양한 온라인 채널로 자신이 원하는 분야의 사람을 만나는 것도 좋은 방법이다

나는 팟캐스트를 진행하면서 만나서 이야기 나누고 싶은 사람을 초대한다. 이 기회로 내가 모르던 분야의 지식을 얻을 수도 있고, 부족한 것을 물어볼 수 있어 좋다. 물론 만나기 전에 그 사람에 대해 충분히 조사해야 함은 물론이다. 그래야 더 많은 질문을 할 수 있다. 질문은 더 많은 답을 주기 때문에 중요하다. 페이스북 등 SNS를 활용하면 온라인 인맥을 오프라인으로 연결하기 수월하다.

셋째, 건강과 스트레스 관리도 중요하다. 혼자 일한다는 것은 업무 공백이 생겼을 때 대신할 사람이 없다는 것이다. 따라서 몸이 아프면 모든 일을 멈출 수밖에 없다.

나는 2015년 4개월 동안 왼쪽 무릎 염증과 손목터널증후군으로 고생했다. 하필이면 책 집필 기간이었던 터라 일에 지장이 컸다. 아프면 일도 줄여야 하고 매일 병원에 다니는 탓에 수익 문제가 생기

기도 했다.

건강에 문제가 생기면 1인 기업은 일을 줄이거나 멈춰야 할 수도 있다. 업무에 몇 개월 공백이 생기면 당연히 그다음 도약이 어렵다. 따라서 1인 기업가에게 중요한 것은 건강 관리다. 운동은 평소에 꾸준히 해야 한다. 나 역시 고생한 뒤부터는 식사량을 조절하고 규칙적으로 운동하고 있다. 일주일에 3일 정도는 두 시간씩 걷기 운동을 하는데, 걷기는 스트레스 해소는 물론 생각 정리에도 그만이다.

지속 가능한 일하기를 위해서는 스트레스 관리도 중요하다. 일이 제대로 되지 않아 스트레스가 쌓일 때는 모든 생각을 1차로 수첩에 정리하고, 이것을 2차로 디지털에 풀어낸다. 처음보다 정확한 정보와 내용을 채워가면서 해당 주제를 풀 방법을 찾는다. 타인과 문제가 발생하여 의견이 충돌하거나 결정을 내려야 할 때 내가 선택하는 방법은 산책이다. 산책을 하며 모든 것을 내려놓고 다시 하나씩 생각해보며 풀어낸다.

넷째, 삶의 목표가 명확해야 한다. "왜 1인 기업을 하고 있지?" 이에 대한 답은 언제나 명확해야 한다. 그래야만 다른 어떤 유혹에도 흔들리지 않고 살아갈 수 있다. 삶의 목표가 명확하면 문제가 발생해도 해결 방안을 찾기 위해 노력하게 된다. 물론 문제 해결에는 언제나 충분한 정보가 필요하다. 따라서 꾸준한 독서와 공부로 정보를 축적하고, 그를 통해 목표를 구체화하려는 노력은 1인 기업가의 숙

제이다.

1인 기업은 자신이 아닌 주변의 문제 때문에 어려움을 겪기도 한다. 기업에서는 개인의 문제가 전체에 영향을 주는 일이 극히 드물다. 그러나 1인 기업은 주변의 영향을 받아 침몰하는 경우도 있다. 예컨대 가족의 건강이나 주변의 분쟁과 관련한 문제가 발생하면 이를 해결하는 데 상당한 시간이 들 수도 있다. 이처럼 나 혼자 잘한다고 모든 것이 해결되는 것은 아니기에 언제나 올바른 판단과 사고를 하는 것이 매우 중요하다.

문제: 오랫동안 회사 생활을 하다 창업하니 시간 관리, 자기관리가 제일 어렵다. 혼자 일하니 쓸데없이 발생하는 시간도 많다. 기상 시간, 업무에 몰입하는 시간 등에서 회사에 다닐 때와 다르게 느슨해진 자신을 발견한다. 외부 미팅을 하고 오면 하루가 다 지난 경우가 다반사다. 특히 집에서 일을 하니 스스로에게 더 관대해진다.

해결법: 첫 번째, 일하는 장소를 바꿔라. 집에서 일을 하면 집이 주는 편안함 때문에 쉬려는 의지가 강해진다. 따라서 어느 정도 자신을 통제할 능력이 생길 때까지는 정해진 시간에 밖으로 나가기를 추천한다. 오전에는 집 근처 가까운 카페에서 작업해보라. 카페에서 작업을 하면 타인을 의식하게 돼 딴짓을 하더라도 금방 작업으로 돌아온다. 또한 백색소음은

집중력을 높여주기도 한다.

카페가 맞지 않다면 사무실과 비슷한 환경인 비즈니스 센터를 이용하라. 나도 7년 동안 카페에서 작업을 하다 비즈니스 센터를 찾았다. 업무 환경이 조성된 곳에서 비즈니스 작업 방식도 업그레이드되었다. 특히 카페에서 하기 불편했던 외부 미팅과 관련된 문제들이 해결되었고, 미팅 후 바로 업무를 볼 수 있어 불필요한 시간이 줄어들었다.

두 번째, 규칙적인 오전 작업을 만든다. 오전에 작업이나 외부 일정을 잡아 일찍부터 일하는 패턴을 만드는 것도 좋다. 오전 10시에 일정을 잡아두면 자연스럽게 부지런해진다.

차 한잔하고 싶은 사람이 되자

—

1인 기업가 생활을 오래 하다 보니 주변의 예비 1인 기업가들이 자주 나를 찾는다. 그들은 직장에서 겪는 어려움과 1인 기업 준비 방법 등을 내게 상담한다. 그런데 이들 대부분은 전형적인 직장형 인간으로 업무 이야기 외에는 별다른 화제가 없다. 당연히 이야기를 나눌 때 상당히 지루하다. 이런 지루한 시간을 견디면서 나는 과연 어떤 사람일까 궁금했다.

3-2 당신은 어떤 유형의 사람인가?

A

1. 불만을 토로한다
2. 변화 없이 답답하다
3. 삶에 의지가 없다

B

1. 만나면 재미있다
2. 나에게 관심이 있다
3. 만날수록 새롭다

불만만 토로함

차 한잔하고 싶은 사람은 둘 중 누구일까?

• **A 유형:** 회사에 대한 불만 토로를 많이 한다. 다른 사람에 대한 이해도
가 무척 떨어진다. 삶에 의지가 전혀 없으며, 늘 비슷한 생활을 해 변화
도 거의 없다. 이들은 소파에 누워 아무것도 하지 않은 채 주말을 보낸
다. 무엇보다 직장 상사에 대한 불만이 그치지 않는 것이 큰 특징이다.

• **B 유형:** 인생에 활력소와 설렘을 불어넣는다. 매번 새로운 변화에 도
전하고 이와 관련한 이야기를 들려준다. 경험도 풍부해서 즐거운 대화
를 이어갈 수 있다.

아마 A 유형은 전문가의 상담이 필요할 테고, 관계 능력이 뛰어

난 B 유형은 따르는 사람이 많을 것이다. 둘 중 어떤 사람이 되어야 할지 결정하는 것은 어렵지 않다. B 유형이 되고자 한다면 평상시에 몇 가지 훈련이 필요하다.

첫째, 타인에 대한 관심이 높아야 한다. 대화할 때 자기 이야기만 하는 사람이 있다. 모든 주체가 자신인 그들은 앞에 있는 사람이 무슨 이야기를 하는지에 큰 관심이 없다. 결국 자신에게만 관심을 집중시키려 한다. 진정한 대화를 하려면 상대방의 관심도 파악해야 한다.

둘째, 다양한 전문 정보를 습득해야 한다. 제한된 정보로는 지속적으로 성장하기 어렵다. 자신의 경험을 타인과 나눌 수 있어야 한다. 이런 경험으로 노하우를 쌓고, 전문 정보를 습득할 수 있다.

셋째, 변화에 도전해야 한다. 변화에 관심이 높고 실행력까지 갖췄다면 배울 기회도 많다. 이런 유형의 사람들은 좀 더 창의적이며, 새로운 것에 적응이 빠르다. 늘 같은 사람보다 변화에 능동적인 사람일수록 따르는 사람은 물론 도움을 주는 사람이 더 많다. 이 유형의 사람들은 폭넓게 네트워킹한다. 이들은 변화의 현장에 서 있으며, 주변 사람들과 협업하는 것을 어려워하지 않는다. 1인 기업가에게 꼭 필요한 능력이다.

효율적으로
일하는 방법

정보를 습득하는 방법
—

직장을 다닐 때는 자연스럽게 지식과 정보가 쌓인다. 회사에서 정보를 제공해주고, 교육도 받게 해주기 때문이다. 1인 기업에는 이런 혜택이 없다. 모든 것을 스스로 해결해야 한다. 당연히 돈과 시간이 든다. 습득한 정보를 꾸준히 관리하기 위해서는 자기만의 시스템을 갖춰야 한다. 정보는 온라인과 오프라인을 모두 활용해 습득한다. 오프라인에서 쉽게 만날 수 없거나 시간이 안 되면 온라인 메신저 (카카오톡, 페이스북 메신저, 구글 행아웃 등)도 활용한다.

사람을 통해 정보 수집하기

우리 주변에는 정말 다양한 분야의 전문가가 많다. 다만 그들이 어디에 있는지 그리고 그들을 만났다면 어떻게 관계를 이어나가야 하는지 모를 뿐이다.

우선 정기적인 만남을 갖는다. 한 달에 한두 번 지인들과 식사를 하면서 여러 소식을 듣는다. 편안한 분위기에서 나누는 이야기는 활력과 아이디어를 준다. 직장에서는 흔하디흔한 것이 회식이지만 혼자 일하면 그 흔한 회식이 그립다. 그러니 스스로 이런 회식을 만드는 것도 방법이다. 비슷한 일을 하는 사람 몇 명을 모아 정기적으로 할 수도 있고 비정기적으로 해도 좋다. 따로 회식이 없다 보니 이런 기회에 술도 마시고 이야기도 나눈다. 1인 기업가 회식(현 1인기업가 포럼)에서는 조금 더 편안하게 이야기를 나눌 수 있다는 것이 큰 소득이다. 평소에 듣지 못했던 소식도 자연스레 얻게 된다.

단, 지나치게 많은 시간을 이런 만남에 쓰는 것은 경계해야 한다. 일정 시간 이상 만남이 지속되면 결국 업무 시간이 줄어들 수밖에 없다. 특히 불만이 많은 사람과 시간을 오래 보내는 것은 매우 위험한 일이다. 그런 사람들을 만나면 스트레스를 받는 경우가 많기 때문이다. 모든 사람이 내 마음 같을 수는 없지만 그래도 만남은 가급적 즐거운 시간이 되어야 한다.

정보를 통해 정보를 수집하기

대부분 정보는 온라인에 존재한다. 널려 있는 정보를 선별해 나에게 필요한 정보로 만드는 것이 관건이다. 온라인에서 힘들이지 않고 정보를 얻는 방법을 소개한다.

첫째, 구글 알리미 서비스다. 자신이 원하는 정보의 키워드를 넣어두면 날마다 이메일로 받을 수 있다. 검색을 따로 하지 않아도 새로운 콘텐츠가 생성되면 자동으로 전달된다. 여러 키워드를 넣어두고 주기적으로 살펴보면 좋다. 새로운 트렌드 정보를 익히거나, 책을 집필하는 데 필요한 주요 정보를 수집할 때 편리하다.

둘째, 페이스북에서 해당 분야의 전문가를 찾아 친구 신청(또는 팔로우)을 한다. 그들이 공유하는 다양한 정보가 자연스럽게 나의 타임 라인으로 들어온다. 댓글을 통해 소통하면 좀 더 긴밀한 관계가 될 수도 있다.

일하는 방법을 개선하기 위한 스마트워킹 전략

—

1인 기업 생활은 직장인과 다르다. 특히 모든 일을 혼자 처리해야 한다는 점에서 그렇다. 동료와의 협업이 불가능한 만큼 업무 효율을 높이기 위한 방법을 반드시 알아야 한다.

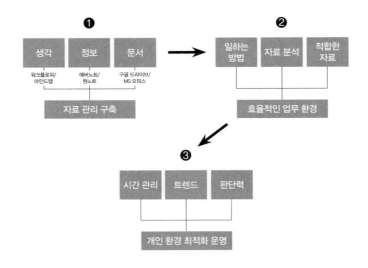

가장 먼저 작업과 작업을 원활하게 연결하는 방법을 알아보자. 이를 위해서는 먼저 일에 대한 분석이 필요하고 그다음 자료 관리 영역이 어떻게 연결되는지 파악해야 한다. 이후 자료 관리 방법이 구축되면, 순차적으로 일을 분석하고 다음 영역을 처리하면 된다.

통상 작업 과정은 ❶번을 완성하고 ❷번으로 넘어간다. 이 작업은 ❸번을 위한 준비 작업이다. 1인 기업이라면 ❸번에 요구 사항이 많다. 기업이라면 관리자와 리더의 경우가 이에 해당한다. 목적에 따라 ❸번을 원할 경우 ❷번을 채워야 한다. 결국 가장 기초인 ❶번을 잘 갖춰야 자연스럽게 스마트워킹 전략을 세울 수 있다.

스마트워킹을 위한 세 가지 영역

❶ 자료 관리 구축

1. 생각: 아이디어 메모, 종이 수첩, 마인드맵

2. 정보: 아날로그, 웹상의 정보

3. 문서: 컴퓨터 오피스 파일

　한곳에 자료를 모을 경우 가장 힘든 것은 주기적인 자료 관리다. 자료의 양이 많아지면 이 작업은 난도가 매우 높아진다. 자료 저장소를 세 가지 유형으로 분류하여 보관하면 자료 관리를 한결 수월하게 할 수 있다.

　필요한 자료를 보관할 온라인 저장소를 구축한다. 생각과 정보, 문서의 저장 유형은 일의 유형에 따라 구분해서 저장할 수 있다. 자료 관리 구축이 제대로 되었다면 자료들이 서로 연결되면서 업무의 효율성도 자연스럽게 높아진다. 이에 대한 작업 분석은 ❷번을 거쳐서 얻을 수 있다.

❷ 효율적인 업무 환경

1. 일하는 방법: 업무에 맞는 환경을 마련하기 위한 방법 찾기

2. 자료 분석: 주기적으로 수집한 정보로 원하는 자료 분석하기

3. 적합한 자료: 충분한 분석을 바탕으로 계속해서 나에게 적합한 자료 찾기

　해당 작업을 위해서는 수집보다 활용에 목적을 두고 자료 분석과 적용

을 반복적으로 해야 한다. 효율적인 업무 환경을 만들기 위해 클라우드를 기반으로 한 온라인 저장소 구축은 필수다. 이는 이동이 많은 노마드 환경에 적응할 수 있게 하고, 정보가 넘치는 환경에서 높은 생산성을 달성하게 한다. 자료 관리가 곧 시간 관리로 이어지기 때문이다.

❸ 개인 환경 최적화 운영

1. 시간 관리: 자료 관리는 반복적으로 발생하는 시간을 줄인다.
2. 트렌드: 수많은 정보를 온라인 저장소에 수집하고 분석할 수 있어 트렌드 이해도를 높이는 데 용이하다.
3. 판단력: 자신에게 적합한 자료를 수집하고 분석할 수 있어 사업에 필요한 올바른 판단력을 기를 수 있다.

1인 기업은 절대적으로 시간이 부족하다. 초반에는 정보와 자료가 부족하다. 특히 해당 업무에 경험이 쌓이기까지 몇 년은 많은 시간이 필요하다. 이를 기반으로 자료 관리가 구축되어야 한다. 나는 에버노트와 구글 드라이브를 기반으로 모든 자료를 구축했다. 또한 생각 정리와 업무 관리 도구로서의 역할은 워크플로위를 기반으로 한다.

많은 분들이 통상 단순 수집 위주로만 자료 관리를 한다. 이런 수준을 벗어나 수집과 더불어 개인 라이프와 업무 환경까지 고려한다면 일하는 방법을 크게 개선할 수 있을 것이다.

나에게 적합한 스마트워킹 도구는 어떤 것?

—

일은 아이디어와 기획에서부터 시작된다. 이를 토대로 원하는 자료를 수집하고, 충분히 반복해 검토를 끝내면 문서 작업을 한다. 이처럼 생각하고, 정보를 수집하고, 문서를 작성하는 순서가 가장 바람직하다. 이 단계 그대로 온라인에 저장해 관리하면 된다. 어디에 무엇이 저장되어 있는지 파악하기도 용이하고, 따로 일일이 관리하는 번거로움도 크게 줄어든다. 이 과정에서 필요한 스마트워킹 도구는 무엇인지 알아보자.

첫째, 생각 도구다. 수첩의 역할에서 부족한 것은 관리의 용이함인데, 이런 이유로 아날로그와 디지털을 동시에 사용하면 최적이다. 아날로그는 급하게 작성하거나 머릿속 생각을 도식화해 풀어낼 때 좋고, 이것을 워크플로위에 기록하면 기획을 체계화하기 좋다. 기획을 도식화하는 데는 마인드맵이 대표적이다. 디바이스 활용이 커지면서 온라인 저장이 가능하고 협업 도구로서도 좋다.

워크플로위는 긴 글을 작성하고 작성한 것을 정리할 수 있다는 점에서 마인드맵과 다르다. 특히 앱상에서 가볍게 생각을 정리하면서

① 마인드맵	② 긴 글 작성	③ 전체 정리

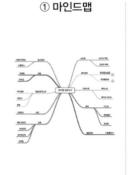

업무 관리도 할 수 있고 협업도 가능하다. 마인드맵이 주제에 대해 브레인 스토밍을 할 때 두각을 나타낸다면, 워크플로위는 기존 작업과 연결이 가능하며 웹 환경과 대부분의 디바이스를 지원하는 클라우드 기반의 서비스라는 차이가 있다.

둘째, 정보 도구다. 웹상의 정보부터 아날로그 정보까지 모두 한 곳에 수집하는 도구를 정보 도구라고 일컫는다. 여기에는 에버노트와 원노트^{OneNote}가 최적이다. 컴퓨터와 함께 모바일에서도 자료 수집이 가능하고 그렇게 수집한 자료를 검색하기 편리해서 자료 관리에 쏟는 시간을 줄여준다. 주요 검색 유형으로는 텍스트, 이미지, 문서 파일이 있다.

복잡하다 < 단순하다

1. 작업이 쉬워야 함
2. 관리 작업이 편리해야 함
3. 동일한 환경이 제공되어야 함

　최근 에버노트와 원노트는 기능 면에서 서로 비슷해지고 있다. 다만 원노트는 컴퓨터에서 시작한 프로그램이라 모바일 환경에서는 아직 부족한 부분이 많다. 반면 에버노트는 모바일 환경부터 시작하여 이동이 많은 사람들이 작업을 편리하게 할 수 있다.

　셋째, 문서 도구다. 컴퓨터를 기반으로 작업하던 문서도 이제 모바일에서 사용 가능하다. 온라인 저장소에 저장한 뒤 곧바로 모바일에서 열어 작업할 수 있으며, 공유와 협업도 가능하다. 대표적으로 구글 드라이브와 MS 오피스가 있다. 문서 관리를 위해 외장 디스크를 일부러 구입할 필요가 없다.

자료 관리는 어떻게 해야 최적인가?

—

세상은 빠르게 변하고 정보는 쉴 새 없이 쏟아진다. 모든 정보가 유익한 것도 아니다. 따라서 많은 자료 중 내게 유용하고 적합한 자료는 따로 관리해야 한다. 자료에 따라 효율적인 저장 방법이 따로 있다.

다른 사람들처럼 나 역시 자료는 한곳에 보관해야 편리하다고 여겨 지금까지 에버노트를 사용했다. 이곳에 텍스트뿐만 아니라, 웹상의 정보와 사진, 문서, 아날로그 자료까지 모두 넣다 보니 1만 개의 노트가 생성되면서 빅 데이터가 되었다. 이런 상태에서 자료 관리가 체계적으로 되지 않는다면 수집한 자료를 이용하는 데 어려움이 생긴다. 모든 것을 한곳에 저장하면서 관리 방법이 복잡해지고, 해당 도구에 적합하지 않은 자료까지 넣다 보니 재사용 시 별도의 작업이 필요했다. 이를 위해서 준비한 것이 '통합 자료 관리 구축'이라는 프로세스 환경이다.

자료 저장의 핵심은 '적합한 곳에 저장한다'이다. 정보 유형에 따라 적합한 도구에 저장하는 것이다. 옷은 옷장에, 책은 책장에 넣는 것과 같은 이치다. 생각한 것은 생각 도구에, 수집한 것은 정보 도구에, 문서 작업은 문서 도구에 넣고 필요할 때 찾아 사용하면 된다. 모두 온라인 저장소에 보관하기 때문에 손쉽게 관리할 수 있고, 모바일 활용도 극대화할 수 있다.

3-6 정보 유형에 따라 적합한 도구에 저장한다

옷장

책장

적합한 곳에
저장한다

서랍장

통합 자료 관리 구축으로 얻는 것

—

나는 매주 팟캐스트, 매거진, 책 집필, 강의 자료 준비, 강의 진행 등
의 업무를 한다. 이들을 모두 빠짐없이 하기 위해서는 시간 관리가
최우선이다. 업무에 필요한 정보와 자료 관리, 이것을 토대로 판단
할 시간까지 모두 고려해야 한다. 자료 관리 시스템을 만들면 시간
을 관리할 수 있고, 정보를 지식화하면 트렌드를 이해하고 좀 더 옳
은 결정을 내릴 수 있다.

통합 자료 관리 구축으로 얻는 것

- 시간 관리: 원하는 정보를 빠르게 찾을 수 있다.
- 트렌드 이해: 많은 정보를 이해하며 수집할 수 있다.
- 올바른 판단력: 정보가 충분히 쌓이면 전체적으로 분석할 수 있어 무엇이 중요한지 판단하기 쉽다.

생산성을 위한 자료 관리 방안

—

자료 관리 시스템은 컴퓨터와 모바일에서 손쉽게 접근할 수 있는 온라인 저장소를 기반으로 만드는 것이 좋다. 온라인 저장소는 생각, 정보, 문서 세 가지로 구분해 관리할 수 있다.

온라인 저장소는 수집과 작업 유형으로 구분되는데, 일례로 에버노트는 노트에 첨부 파일로 문서를 관리할 수 있지만 첨부 파일 편집은 구글 드라이브가 오히려 더 편리하다. 단순 아이디어 수집은 에버노트가 편리하지만, 아이디어를 찾아 기획 단계로 넘어가는 작업을 하기에는 워크플로위가 좋다. 작업을 유형별로 구분해서 저장하면 활용도가 더 높아진다. 단순하게 저장의 편리성보다 작업 과정에서의 편리성을 고려해 온라인 저장소를 사용할 것을 권한다. 자료 관리 시스템은 초반에 적응하기 힘들더라도 미래를 생각한다면 반

3-7 자신만의 자료 관리 시스템을 만들어라

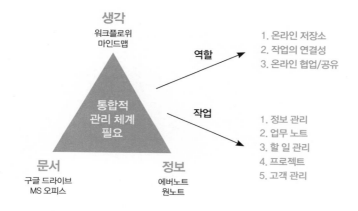

생각
워크플로위
마인드맵

역할

1. 온라인 저장소
2. 작업의 연결성
3. 온라인 협업/공유

통합적
관리 체계
필요

작업

1. 정보 관리
2. 업무 노트
3. 할 일 관리
4. 프로젝트
5. 고객 관리

문서
구글 드라이브
MS 오피스

정보
에버노트
원노트

드시 자신만의 스타일로 만들어야 한다.

자료를 관리할 때 지켜야 할 원칙

—

관리는 축소하고, 검색과 공유는 확대해야 한다. 관리에 어려움이
생기면 지속적으로 사용하기 어렵다. 자료를 관리할 때는 수집보다
활용에 집중해야 한다. 활용도가 높아지면 유용한 자료가 쌓이고 자
연스럽게 업무의 효율성도 좋아진다.

온라인 저장소에 접근이 편리해지면서 스마트폰 사용도도 높아진

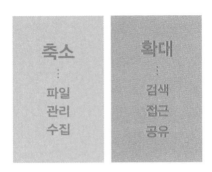

다. 동시에 무거운 오피스 파일 사용은 줄어든다. 무거운 오피스 파일에 접근이 용이하도록 구글 드라이브나 MS 원드라이브^OneDrive를 사용해 모바일로 사용한다.

외부와 협업이 늘면서 공유 작업이 증가한다. 이때 공유 문서 작업은 되도록 간편하게 작업하는 것이 중요하다. 공유는 확대가 필요하고 스마트폰으로도 작업이 가능하도록 해야 한다.

스마트폰에서 생산적으로 사용할 수 있는 열 가지 도구

스마트폰에도 동일한 환경을 마련해놓고 이를 도와주는 열 가지 도구와 작업을 연동한다. 주요 특징은 아날로그와 디지털의 통합이다. 스마트폰 환경으로 넘어오면서 자료는 기존보다 다섯 배 이상 쌓인다. 이는 지식 인프라 확대와 더불어 효율적인 정보 관리 프로세스를 마련해야 한다는 반증이다.

첫째, 통합 자료 관리 도구를 적용한다. 컴퓨터와 스마트폰에서 자료는 에버노트와 구글 드라이브로 구분해 저장한다. 에버노트는 웹상의 자료, 아날로그 자료 수집과 관리 도구로 이용한다. 컴퓨터 오피스 도구로 작업한 것을 구글 드라이브로 작업한다.

둘째, 생각 정리 도구를 활용하라. 생각을 정리하기 위해서 사용하는 것은 워크플로위와 마인드맵이다. 이를 메모를 하고 할 일을 정리하는 것 따위를 모두 쌓을 수 있는 공간으로 사용한다. 꾸준하게 생각을 업데이트하기 위해서 워크플로위를 이용하자.

셋째, 아날로그 스캔 및 팩스도 정리해둔다. 스캔 도구로는 캠스캐너를 사용하고, 스캔한 문서를 팩스로 보내고자 할 때는 모바일 팩스를 사용한다. 아직은 상당한 자료를 아날로그로 제공받는다. 따라서 받은 것을 그냥 버리기보다 언제든지 다시 꺼내 볼 수 있도록 스캔해서 에버노트에 저장한다. 에버노트는 아날로그 문서 스캔이 편리하다.

넷째, 할 일 관리와 일정 관리는 구글 캘린더로 작업한다. 간편한 일정이라면 에버노트 알리미를 기반으로 작업한다. 만약 외부와 협업하는 경우라면 구글 캘린더를 추가해 작업하면 편리하다. 이것이

3-9 1인 기업가 워크플로

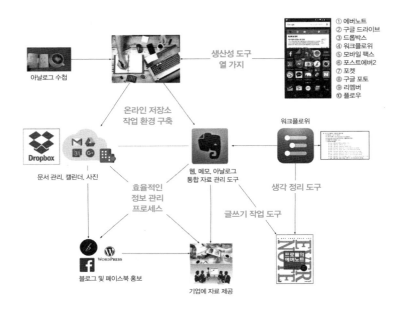

부족하다면 체계적인 할 일 관리 도구인 분더리스트Wunderlist나 애니
두Any.do 사용도 고려하라.

다섯째, 종이 수첩을 단순히 메모하는 식으로만 사용했다면 이젠
아니다. 지속적으로 메모하고 다시 볼 수 있는 수첩을 이용하라. 너
무 크면 가지고 다니기 힘드니 A6 사이즈 정도의 가벼운 수첩을 준
비해 언제든지 메모한다. 수첩은 빨리 메모하는 데도 좋지만, 디지
털 기기와 떨어져 생각을 정리하고 기록하는 데도 좋다. 특히 손으
로 느껴지는 만족감을 얻을 수 있다.

3-10 스마트폰에서 생산적으로 사용할 수 있는 도구

이름	설명
에버노트	손쉽게 메모할 수 있는 도구로 웹상의 자료 수집이나, 종이 스캔 기능. 명함 수집 기능이 있다. 업무 노트로서 협업 작업도 가능하다.
구글 드라이브	구글 드라이브는 온라인 오피스(문서, 스프레드시트, 프레젠테이션, 설문지) 기능을 포함하며, 협업을 위한 작업 공간과 저장소 기능이 함께 제공된다. 또한 구글 캘린더로 개인 및 업무, 프로젝트 일정을 통합해 관리할 수 있으며 디바이스에서 작업이 가능하다.
드롭박스	자료 요청 시 전달하는 데 편리하다. 말하자면 온라인 USB 공간이다.
워크플로위	생각 정리 도구다. 나무 모양 구조로 상하 간의 내용을 정리할 수 있게 뇌를 구조화하는 데 가장 적절한 도구다. 오래 진행해야 하는 업무와 프로젝트 작업, 특히 책 작업을 할 때 활용도가 높다
모바일 팩스	모바일로 팩스를 주고받을 수 있으며, 전용 수신 번호가 있어 따로 팩스 기계를 살 필요가 없다. 별도의 비용 지불 없이 문자 메시지로 제공하며, 0504 FAX용 수신 번호를 선택해서 사용 가능하다.
포켓	모바일과 PC 브라우저에서 나중에 보고 싶은 기사, 사진, 동영상 등이 담긴 웹 페이지를 갈무리했다가 다시 볼 수 있다. 특히 자동으로 디바이스에 동기화되므로 오프라인 상태에 있더라도 언제 어디서든 돌아올 수 있다.
포스트에버2	에버노트에 빠른 노트 입력을 가능하게 해주는 서드파티(3rd Party) 앱이다. 제목이 '오늘 날짜'로 설정되어 있어 떠오르는 생각을 전송하기만 하면 하루 동안 전송한 내용을 하나의 노트에 간편하게 정리할 수 있다. 사진 첨부, 음성 메모, 위치와 날짜, 시간 정보 등을 추가할 수 있다
구글 포토	스마트폰과 컴퓨터의 모든 사진과 영상을 관리한다. 자동으로 날짜별 장소, 이벤트를 만들어주고, 머신 러닝(machine learning, 기계 학습) 기능으로 이름과 키워드 검색이 가능하다는 것이 장점이다.
리멤버	수많은 명함을 정리해주는 명함 전용 대표 앱이다. 명함을 사진으로 찍어 저장해두면 업데이트도 해주고 자동으로 주소록에 추가해준다. 상대방의 명함이 업데이트될 경우 자동 갱신된다.
플로우	플로우는 프로젝트 중심 협업 앱이다. 회사 내부는 물론 외부 고객사, 파트너와 프로젝트 단위로 협업할 수 있게 도와준다. 특히 페이스북 같은 형식으로 누구나 쉽게 쓸 수 있어서 타임라인을 사용하듯 게시물을 올리고 댓글을 달며 소통할 수 있다. 이메일, 휴대폰 번호만 알면 누구든지 프로젝트에 쉽게 초대할 수 있다.

대부분의 자료는 에버노트와 구글 드라이브에 저장하고, 이를 도와주는 열 가지 도구와 연동한다. 아날로그와 디지털의 통합이다. 이런 통합으로 기존보다 몇 배 이상 자료가 쌓여도 효율적으로 활용할 수 있다. 이는 지식 인프라 구축과 효율적인 정보 관리 프로세스를 반드시 마련해야 하는 이유다. 여러 도구를 모바일, 컴퓨터, 웹 환경에서 함께 작업할 수 있다. 때에 따라 한곳에 취합해 작업할 수 있어 편리하다.

운영 실제

온라인 셀프 마케팅 전략

—

1인 기업가 11년 차인 나의 셀프 마케팅 전략은 소셜 미디어로 시작
해 소셜 미디어로 완성되고 있다. 1인 기업을 시작하기 전 '혜민아
빠'라는 이름으로 운영하던 블로그가 어느덧 12년이 되었다. 관심
분야와 전공 분야에 대한 글을 블로그에 꾸준히 올린 덕분에 전문가
로 인정받게 되었고, 이를 토대로 퍼스널 브랜드가 만들어져 1인 기
업을 하는 데 도움을 받았다. 일방적인 블로그와 달리 트위터와 페
이스북을 시작하면서부터는 온라인에서의 관계가 좀 더 촘촘해졌
다. 블로그, 트위터, 페이스북으로 형성된 관계를 기반으로 유튜브

와 팟캐스트를 시작했고, 이 채널에서 전문적인 콘텐츠를 생산하면서 마케팅도 확대했다.

나는 책을 쓰고, 강의를 하고, 컨설팅을 해 수익을 올린다. 세 영역의 비즈니스는 유기적으로 연결되어 있다. 만약 어느 한 분야에서 문제가 생기면 전체로 확대된다. 이런 위험 요소를 최대한 줄이기 위한 전략이 필요했다.

일곱 권의 책을 출간하면서 쌓인 노하우는 이렇다. 책을 쓰기에 앞서 페이스북으로 주요 관심사를 파악하고 시장조사를 하며, 쌓인 자료는 블로그에 쓴다. 일정 기간 축적된 자료는 유튜브로 제작하거나 오프라인 강의로 확대한다. 이렇게 온라인과 오프라인으로 쌓은 다양한 경험을 바탕으로 책을 쓴다. 출간 후 홍보는 걱정 없다. 이미 어떤 독자가 어떤 책을 원하는지 파악했기 때문이다. 출간 후 대부분의 책은 베스트셀러가 되었다.

팟캐스트는 콘텐츠를 만들기 위해 시작했지만, 외부에서 광고를 받을 정도로 커졌다. 이것은 확실한 1인 미디어로 성장하고 있으며, 기업에서 광고비를 지불할 정도로 파급력을 낸다는 의미다.

셀프 마케팅으로 이용 가능한 서비스 여섯 가지

개인이 퍼스널 브랜드를 형성하고 알리는 데 유용한 서비스로는 팟캐스트, 책, 블로그, 페이스북, 유튜브, 카페 혹은 커뮤니티 운영이 대표적이다. 자신의 성향과 자신이 다루는 상품에 맞춰 이것들 중 한두 개를 선택해 집중적으로 운영할 수도 있고, 이 채널을 모두 운영할 수도 있다. 처음부터 성격이 다른 서비스를 이용해 콘텐츠를 확장하는 것은 쉽지 않다. 하지만 어떤 채널을 선택하든 자신에게 맞는 마케팅 채널 혹은 미디어는 반드시 하나 가져야 한다.

1. 팟캐스트: 2015년 12월부터 〈나는 1인기업가다〉를 운영해왔다. 120개 이상의 에피소드가 올라왔다. 시간으로 따지면 120시간이 넘는다. 평생 직업에 대한 사회적 관심이 커지면서 청취자들이 꾸준히 늘고 있다.

2. 책: 매년 한 권 출간이 목표다. 덕분에 셀프 마케팅을 할 수 있는 중요한 콘텐츠가 된다. 하루 한 시간, 1년에 300시간을 투자하면 1년 동안 책 한 권을 쓸 수 있다. 소셜 미디어 영역으로 콘텐츠를 확장하여 전문성을 인정받은 덕분에 신간을 기다리는 독자도 생겨나고 있다.

3. 블로그: 주 단위로 강의 혹은 컨설팅 내용을 올린다. 직접 경험한 것을 쓰기 때문에 독자의 관심도가 높다. 블로그 내용을 보고 강의와 컨설팅 의뢰가 들어오는 구조다. 블로그에는 상품을 올리기보다 고객을 겨냥한 내용을 올리는 것이 바람직하다.

4. 페이스북: 정보를 구하고, 소비하고, 활용하는 곳이다. 고객을 찾고 그들이 원하는 것을 정확하게 파악하는 것이 쉽지 않은데 페이스북은 바로 이 문제를 해결해준다. 1인 기업에 아주 매력적인 플랫폼이다.

5. 유튜브: 스마트폰으로 촬영하고 편집해서 올리면 편리하다. 삼각대 하나 놓고 카페에서 촬영한 것이 어느덧 600개가 넘었다. 주요 주제는 스마트워킹과 에버노트로, 관련 동영상은 국내에서 가장 많이 제작한 듯하다. 이 경험을 토대로 팟캐스트를 하고 있다.

6. 커뮤니티: 네이버 카페 〈에버노트로 스마트워커되기〉를 4년째 운영 중이다. 그동안 2만여 명의 회원을 보유한 네이버 대표 카페가 되었다. 카페는 상당한 시간과 노력이 필요하다. 장기적 관점을 가지고 운영한다면, 충분한 가치를 만들 수 있다.

셀프 마케팅은 1인 기업에 큰 도움을 준다

책이 나오기만 하면 독자들이 알아서 책을 사주고, 강의 계획을 발표하면 기업들이 앞다퉈 강사로 모시겠다고 하면 좋겠지만 현실은 그렇지 않다. 그러니 자신의 강점과 상품성 그리고 콘텐츠를 스스로 알려야 한다. 내 상품의 고객을 찾고, 그들에게 알리는 모든 작업을 마케팅이라고 한다. 1인 기업가는 마케팅도 스스로 해야 하니 '셀프 마케팅'이라 할 수 있다.

고객은 온라인에서 필요한 정보를 검색한다. 이를 위해 앞서 소개한 여섯 가지 서비스를 활용해 셀프 마케팅을 하는 것이다. 만약 이런 활동을 하지 않으면 자신을 알리기 위해 별도의 비용을 들여야 한다.

셀프 마케팅은 주로 어디에 활용되는가?

첫째, 신제품을 기획하고 만드는 데 도움이 된다. 새 책을 출간하면 출판사에서 마케팅을 하지만 작가가 운영하는 여섯 가지 서비스를 이용하면 그 효과가 더 좋다. 기존 독자가 책을 기다리다 바로 구매하기도 한다.

둘째, 새로운 변화에 빠르게 대응하고 대중성을 확보할 수 있다. 온라인과 오프라인으로 많은 사람들과 꾸준하게 소통하기 때문에 트렌드 정보를 쉽게 얻을 수 있고 제품에 대한 고객의 요구를 파악하기 위한 설문에도 활용할 수 있다.

셋째, 디지털 인맥과 오프라인 인맥은 확장성이 크다. 혼자 기업을 운영하는 것은 언제나 힘들다. 따라서 나를 도와줄 수 있는 인맥을 꾸준히 확보해야 한다. 셀프 마케팅은 이런 작업에도 도움이 된다.

넷째, 고객에 대한 이해를 높여 마케팅 효과도 상승한다. 고객과 오랫동안 소통하기 때문에 고객의 요구에 적극적으로 대처할 수 있다.

온라인 마케팅 관리와 운영
—

소셜 미디어는 온라인 마케팅과 퍼스널 브랜드 홍보를 비교적 저렴하게 할 수 있다는 점에서 1인 기업에 매우 좋다. 소셜 미디어가 없었다면 온라인에서 자신을 알리는 데 어려움이 많았을 것이다.

소셜 미디어는 개방, 참여, 공유의 가치로 요약되는 웹 2.0시대의 도래에 따라 소셜 네트워크 기반에서 개인의 생각, 경험, 정보 등을 공유하고 타인과의 관계를 생성하거나 확장할 수 있는 개방화된 온라인 플랫폼을 말한다. 블로그, 유튜브, 페이스북, 트위터, 인스타그램, 카카오스토리 등이 모두 소셜 미디어다. 이 많은 서비스를 유기적으로 모두 사용할 수 있으면 좋지만 자신에게 맞는 한두 가지 서비스에 힘을 쏟는 것도 괜찮다.

소셜 미디어 전문가 김대중 대표는 이제 소셜 브랜딩Social Branding 시대라고 말한다. 소셜 브랜딩이란 자신의 콘텐츠로 소셜 미디어, 나아가 온라인상에서 브랜드를 만드는 것을 의미한다.(《소셜 브랜딩》,

하나의책, 2014)

소셜 브랜딩에서 가장 중요한 것은 베이스캠프를 어디에 설치하고 운영할지 정하는 것이다. 1인 기업가에게 소셜 브랜딩을 위한 베이스캠프는 자신의 콘텐츠를 쌓는 그릇이다. 성공적인 소셜 브랜딩을 위해서는 베이스캠프에 쌓인 콘텐츠를 효율적으로 퍼뜨리는 도구를 개발해야 한다.

콘텐츠 제작 위주로 선택

나는 책을 집필하고 강의를 한다. 내 콘텐츠는 텍스트가 많고 일부 교육 콘텐츠는 영상으로 제작된다. 팟캐스트도 운영하지만 이것은 오디오 기반이라 텍스트 기반의 콘텐츠와 연결하는 데 무리가 있다. 결국 나의 중심 콘텐츠는 텍스트이며 이 콘텐츠의 허브 즉, 베이스캠프는 블로그다. 블로그는 글과 영상을 동시에 제공하며 이 내용을 페이스북과 트위터로 확장할 수 있다. 카카오스토리를 쓰기도 하지만 사용자의 특성상 큰 효용이 없어 페이스북 중심으로 콘텐츠를 확장한다. 페이스북이 제공하는 서비스에는 개인이 사용하는 '프로필'과 공인이나 기업이 운영하기에 적합한 '페이지'가 있다. 나는 광고 집행까지 가능한 페이지는 바이럴과 홍보 용도로 쓰고, 프로필은 고객과 소통하는 도구로 이용한다.

네이버 카페에서는 조금 더 전문적인 이야기를 나눈다. 같은 분야에서 일하는 사람들과 교류하며 시장을 확대하는 역할로 자리를 잡아가고 있다. 같은 일을 하는 사람들만 모인 공간은 더 친밀하게 이야기할 수 있어 좋다. 커뮤니티 사용자들이 늘어날 경우 그들이 생산하는 콘텐츠가 누적되는 것 역시 큰 장점이다.

주 타깃층이 많은 곳 위주로 선택

국내 사용자의 검색 유입을 높이고 싶다면 베이스캠프로는 네이버 블로그가 아직까지는 유리하다. 국내 검색 서비스 중 네이버의 시장 점유율이 압도적이기 때문이다. 단, 네이버에서 블로그를 운영할 경우 네이버 블로그의 운영 규정과 원칙을 잘 알아야 한다. 이를 이해하지 못하면 저품질 블로그로 낙인찍혀 상위에 노출되지 않거나 3~4년 전 포스팅보다 검색 순위에서 밀려나는 경우도 있다. 글을 올릴 때는 텍스트, 사진, 동영상 등 다양한 콘텐츠를 동시에 담는 것이 노출 효과가 높다.

　보목공방의 김종욱 대표는 공방에서 제작한 상품을 블로그에 올리고 키워드 광고도 한다. 페이스북에서 바이럴을 한다고 해도 필요에 따라 검색 중심의 홍보로 확대할 필요가 있기 때문이다. 이와 같은 방식은 제품을 홍보하고자 하는 기업에서 보편적으로 쓴다.

소셜 브랜딩을 위한 최적의 베이스캠프, 블로그

10여 년 전에 사업을 시작하면 무조건 홈페이지를 만들었듯 지금은 블로그를 만든다. 홈페이지를 만들지 않고 블로그만 잘 활용해도 제품과 서비스를 효율적으로 알릴 수 있기 때문이다.

블로그blog(또는 web log)란 웹web과 로그log(기록)의 합성어로 개인적인 생각, 견해, 주장 등을 일기처럼 차곡차곡 웹에 올려 다른 사람도 볼 수 있게 열어놓은 글들의 모음이다. 블로그 차트에 따르면 대한민국에는 약 1050만 개의 블로그(2016년 6월 3일 기준)가 있다고 한다. 많은 사용자가 네이버, 티스토리 등을 이용해 블로그를 운영하고 최근에는 모바일 블로그 플랫폼인 네이버 포스트, 다음 카카오 브런치도 많이 사용한다.

웹사이트 접근성, 검색, 다양한 형태의 콘텐츠를 담을 수 있다는 장점을 가진 블로그는 1인 기업가의 미디어 허브로 사용하기에 제격이다. 다양한 소셜 채널을 블로그에 연결할 수도 있다.

페이스북이나 트위터는 시간이 지나고 관심받지 못하면 자신이 올린 글조차 찾기 어렵다. 검색을 통한 유입이 어려울 뿐만 아니라 형식의 제한으로 포괄적인 정보를 담아 전달하기도 쉽지 않다.

반면에 블로그는 다양한 콘텐츠를 담고, 서로 연결하고, 전문성 있는 콘텐츠 확보에도 유리해 퍼스널 브랜드 홍보 채널로 최적이다. 단점이 없는 것은 아니다. 가급적 글을 길게 잘 써야 하고 꾸준히 관

콘텐츠 제작 유형	바이럴 작업
1. 블로그 – 워드프레스, 브런치	1. 페이스북
2. 유튜브	2. 트위터
3. 팟캐스트	3. 네이버 카페

리해야 한다. 취미 블로그가 아니라면 명확한 주제를 담은 전문적인 글쓰기가 요구된다. 이것이 충족되지 않으면 가치는 떨어질 수밖에 없다.

자신의 콘텐츠 허브를 블로그로 결정했다면 어떤 형태와 어떤 서비스를 이용해서 블로그를 만들 것인지 결정해야 한다. 자기 고객이 주로 네이버 사용자라면 역시 네이버 블로그를 마련하는 게 좋다. 나는 보통 사람보다 퍼스널 브랜드 인지도가 안정적이라서 워드프레스를 기반으로 블로그를 만들어 운영 중이고, 자주 발행하는 추가적인 콘텐츠는 브런치를 선택하여 배포한다.

요약하자면, 블로그를 허브로 꾸미고 여기에 모든 콘텐츠를 집합시킨다. 그리고 내용이나 형식에 따라 페이스북, 트위터 등으로 배포한다. 같은 이야기를 두 번, 세 번 할 필요 없이 한곳에 올려 퍼뜨리는 채널을 잘 선택하는 것만으로도 큰 효과를 얻을 수 있다.

비용 절감을 위해 알아야 할 세무 지식

—

1인 기업가들의 어려움을 하나 꼽으라면 세 명 중 한 명은 세무에 관련된 일이라는 답이 돌아온다. 세무는 업무와 별개의 일이니 이 분야의 전문가가 아니라면 세무 지식은 언제나 부족할 수밖에 없다. 그러나 세무 관련 지식은 반드시 익혀야 한다. 그래야만 절세도 할 수 있기 때문이다. 대부분의 1인 기업가들이 개인 기업에 속하므로 해당 내용을 중심으로 조금만 알아보자.

부가가치세와 소득세 신고

세무 업무의 시작과 끝은 영수증과 세금계산서 관리라고 해도 과언이 아니다. 이것만 제대로 하면 이를 토대로 비용 처리, 종합소득세 신고를 할 수 있다. 법인사업자는 부가가치세와 법인세를 신고해야 하고 개인 사업자는 부가가치세와 종합소득세를 신고해야 한다.("1인 기업이 알아야 할 세무지식 (with 김태관)", 〈나는 1인기업가다〉, 49편 1부)

세금계산서 발행

실적과 거래가 있으면 세금계산서를 발행해야 한다. 홈텍스를 이용하여 세금계산서를 발행하면 부가세 신고 시에 별도 작업이 필요 없다. 홈텍스를 이용하고 싶지 않다면 이지샵 등의 세금계산서 발행 서비스를 이용

3-13 사업자가 신고하는 세금

세금	주요 내용
부가가치세	부가가치세는 사업자가 재화나 용역을 공급할 때 거래 상대방으로부터 징수하여 내는 세금이다. 부가가치세는 세법에서 특별히 면세로 열거 규정하지 않는 한 사업자에 의해서 행해지는 모든 재화 또는 용역의 공급과 재화의 수입을 과세 대상으로 하며, 세율은 공급가액의 10퍼센트다.
종합소득세	개인사업자가 사업을 해서 벌어들인 소득에 대하여는 종합소득세가 과세된다. 종합소득세 과세 기간은 매년 1월 1일부터 12월 31일까지이며, 사업자는 이 기간 동안 벌어들인 소득에 대하여 이듬해 5월 중에 종합소득세 확정 신고를 하고 세액을 납부하여야 한다.
법인세	법인세는 법인사업자가 벌어들인 소득에 대하여 과세되는 세금이다. 법인세 과세 기간은 법인 정관에서 정해진 회계 기간(사업연도)이 되며, 법인세 신고 · 납부 기한은 사업연도 종료일로부터 3개월 이내다.
원천세	사업자가 종업원에게 급여나 상여를 지급할 때는 근로소득세를 원천 징수(원천세)해야 하며, 퇴직금을 지급할 때는 퇴직소득세를 원천 징수해야 한다.

해도 된다.

비용 처리

비용처리는 기장 작업이 필요하다. 몇 천만 원 이하는 기장으로 혜택을 받지 못한다고 하는데, 비용을 어떻게 처리했는지 확인하기 위해서 관리가 필요하다. 기장 작업은 세무사에게 의뢰해 처리하는 게 효율적이다.

절세를 위한 세무 지식

절세를 위해서는 세금계산서 관리와 사업자용 카드 사용, 현금영수증 사용이 필수다.

3-14 부가세 · 법인세 · 소득세의 관계

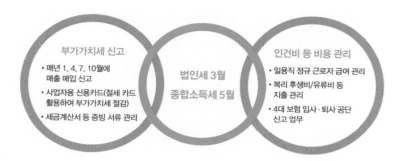

부가가치세 신고
- 매년 1, 4, 7, 10월에 매출 매입 신고
- 사업자용 신용카드(절세 카드 활용하여 부가가치세 절감)
- 세금계산서 등 증빙 서류 관리

법인세 3월
종합소득세 5월

인건비 등 비용 관리
- 일용직 정규 근로자 급여 관리
- 복리 후생비/유류비 등 지출 관리
- 4대 보험 입사 · 퇴사 공단 신고 업무

3-15 연간 세금 신고 일정

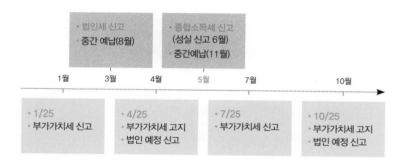

- 법인세 신고
  중간 예납(8월)

- 종합소득세 신고
  (성실 신고 6월)
  중간예납(11월)

1월   3월   4월   5월   7월   10월

- 1/25
  부가가치세 신고

- 4/25
  부가가치세 고지
- 법인 예정 신고

- 7/25
  부가가치세 신고

- 10/25
  부가가치세 고지
- 법인 예정 신고

개인 사업자는 사업자용 신용카드를 은행에서 발급받은 뒤 홈텍스에 등록한 후 사용하면 된다. 이를 통해 부가치가치세도 절감받을 수 있고 비용 처리도 편리하게 할 수 있다.("1인 기업 세무지식, 절세를 위한 전략(with 김태관)", 〈나는 1인기업가다〉, 10편 2부)

소득세 및 부가세 절세 습관 (사업소득세 절세 및 부가가치세 10퍼센트 절세)

- 승합차(9인승 이상), 화물차, 경차 구입비, 유류비, 차량 수리비(비영업용 차량 제외)를 사업자 명의 신용카드로 결제
- 핸드폰, 전화, 인터넷 요금 청구서에 사업자 등록 번호 기재 신청
- 전기 요금, 도시가스 요금, 수도 요금, 전화 요금 등 청구서에 사업자 등록 번호 기재 신청
- 사업자 본인 및 종업원 식대 비용 결제 시 사업자 명의 신용카드 사용
- 필요한 용품을 할인 마트에서 구입 후 신용카드 사용
- 간이영수증은 한 장당 3만 원 미만, 가능하면 부가세 공제를 위해서 신용카드로 결제하거나 현금영수증 사용
- 청첩장, 부고장 등은 1건당 20만 원까지 필요 경비로 인정받으므로 소득세 절세 가능
- 기타 영수증 및 각종 증명 서류(고속도로 통행료, 택배비, 우체국 우편 요금 등)도 비용 증빙 자료로 모아두면 절세 가능

종합소득세 계산법 재정리

종합소득세는 개인 사업자가 1년간 경제 활동으로 얻은 소득에 대하여 납부하는 세금으로 여러 소득을 종합하여 이듬해 5월에 주소지 관할 세무서에 신고·납부한다. 종합소득이라 함은 이자, 배당, 사업, 근로, 연금, 기타 소득 여섯 가지 소득이 해당된다

3-16 종합소득세 과세 표준

과세 표준	세율	누진 공제
12,000,000 이하	6%	0
12,000,000 초과 46,000,000 이하	15%	1,080,000
46,000,000 초과 88,000,000 이하	24%	5,220,000
88,000,000 초과 150,000,000 이하	35%	14,900,000
150,000,000 초과	38%	19,400,000

*참고: 위 표에 나오는 세율은 '소득세'만을 의미하며, (단위: 원)
항상 계산된 소득세의 10퍼센트만큼 추가로 지방소득세를 납부한다.

종합소득세액에서 과세 표준이란, 종합소득 금액에서 소득 공제되는 부분을 차감한 금액을 의미한다. 종합소득세 계산법은 매출에 따라 세율이 다르니 예제를 가지고 알아보는 게 쉽다.

과세 표준 금액이 서로 다른 사업자가 있다. A는 3000만 원, B는 9500만 원이 발생했다. 이 사업자들이 각각 계산 방법에 따라 얼마의 소득세를 내는지 알아보자. 참고로 종합소득세 과세 표준은 2014년 귀속으로 제공한다.(세율 적용 방법: 과세표×세율 − 누진공제액)

예시 A

(과세 표준 30,000,000 × 세율 15%) − 누진공제 1,080,000
= 3,420,000

(단위: 원)

구분	내용
종합소득세 소득 공제	• 인적 공제(부양가족 1인당 150만 원 공제) • 연금보험료 공제(공적 연금 관련 법에 따른 기여금 또는 개인 부담금 불입액) • 특별 소득 공제(주택 자금, 건강보험료 등 공제) 참고: 나이 제한, 소득 금액 제한 등이 있다.
종합소득세 세액 공제	• 특별 세액 공제(보험료, 의료비, 교육비, 기부금 등 공제) • 기타 공제(연금 계좌 세액 공제, 기장 세액 공제, 자녀 세액 공제 등) 참고: 근로자에게 적용되는 항목 – 주택 자금/신용카드 소득 공제, 보험료/의료비/교육비/세액 공제
종합소득세 신고 기간	신고 대상: 1/1 ~ 12/31 신고 기간: 이듬해 5/1 ~ 5/31

예시 B

(과세 표준 95,000,000 × 세율 35%) − 누진공제 14,900,000

= 18,350,000

(단위: 원)

온라인 세무 신고 서비스 '이지샵 자동 장부'

이지샵 자동 장부(www.easyshop.co.kr)는 인터넷으로 장부 정리와 세금 신고를 쉽게 할 수 있는 서비스다. 부가가치세, 종합소득세, 사업장 현황 보고 등 세무 신고가 가능하며 연간 세무 비용도 절약할 수 있다. 세무 지식이 부족하더라도 세액 공제를 빠짐없이 챙길 수 있도록 도와준다. 신용카드와 현금영수증을 따로 챙길 필요도 없다.

나는 이지샵 자동 장부를 2년째 사용하고 있다. 온라인으로 신용카드와 현금, 세금 신고 등에 대한 상세 정보를 제공하고 추가 관리를 줄여주니 편리하다. 영수증 처리를 위한 기장 작업을 따로 하지 않아도 되고 종이 세금계산서 및 이메일을 쌓아둘 필요도 없다. 신용카드, 현금영수증 등을 모아두면 정산 시 부가세를 환급받을 수 있다. 특히 신용카드, 현금영수증 사용 내역을 분석하여 사용처에 따라 환급 가능한 거래를 자동으로 분류(과세 사업장, 면세 사업장, 간이 과세 사업장)해서 처리해준다. 사용 카드 내역을 잘 챙기면 사용액의 10퍼센트(부가세)를 환급받을 수 있다.

자동 세무 장부 입력 서비스 '자비스'

지출 증빙을 위한 영수증 보관도 일이다. 이것은 자비스를 활용하면 편리하다. 자비스는 영수증을 따로 챙기지 않고 사진으로 찍어 저장하면 알아서 영수증 관리를 해주는 서비스다. 직원별, 항목별, 기간별 비용 청구 내역을 관리해준다. 곧 개인 사업자를 위한 서비스도 출시될 예정이다.

chapter 4

1인 기업의
생존 전략
만들기

생존을 위한 전략

—

1인 기업, '도전'은 쉽다. 그러나 그 도전이 빛나기 위해서는 치열한 생존 경쟁에서 살아남아야 한다. 호기롭게 출사표를 던진 1인 기업 가 중 한두 해를 버티지 못하고 포기하는 경우를 많이 봤다. 10년 동 안 살아남은 1인 기업가 '홍순성'을 돌아보았다. 과연 무엇이 나를 지탱해주었으며, 다른 1인 기업가들은 어떤 경쟁력으로 생존했는 지 살펴보았다. 모두 각자의 방식에 맞는 생존 방식이 있었다. 그러 나 이들은 너나없이 아래 네 가지 조건을 갖추고 있었다.

지속 가능한 1인 기업을 만드는 핵심 파워 네 가지

첫째, 직업에 갖는 만족감과 가치다. 자기 일에 만족하고 그 일에 높은 가치를 느끼는 것이다. 가치는 돈보다 우선되어야 한다. 자신의 일에 가치가 공고하지 않으면 그 일을 지속할 이유가 없으니 쉽게 무너지게 된다. 개인에게는 어떤 일이 가치 있을까? 나는 80세가 되어도 지속할 수 있을 뿐 아니라 오히려 세월이 흐를수록 가치가 높아지는 직업을 선택했는데, 그것이 바로 작가와 강사 생활이다. 어느 한 분야로 고정되기보다 다양한 작품을 집필해야 하기에 변화에 대한 적응도 가능해야 했다. 이것은 10년을 유지해오는 동안 변하지 않은 특성이다. 나는 지속적으로 성장하고 변화하는 중이다.

일에 만족도가 높다면 행복이 따르기 마련이고, 일에서 얻는 행복감은 하는 일에 최선을 다할 수 있는 힘이 된다. 이런 사람은 당연히 목표를 장기적으로 세우고 발전한다.

둘째, 꾸준한 수익이다. 수익 발생은 생존에 가장 중요하다. 어느 기간까지는 준비한 자금으로 버틸 수 있으나 그 자금이 떨어질 때까지 수익이 발생하지 않는다면 1인 기업을 지속하기 어렵다. 수익이 충분하지 않으면 성장 속도도 더디다. 수익은 언제나 뒷받침되어야 하고, 그래야만 그에 어울리는 전문성을 구축할 수 있다. 수익이 떨어지면 마음이 급해져 재투자를 못 하고 전문성도 점점 떨어지는 악순환이 시작된다.

셋째, 철저한 자기관리다. 1인 기업가는 뭐든 스스로 결정하고 실행한다. 직장을 다닐 때보다 더 바쁠 수도 있고 아무것도 안 할 수도 있다. 이 모든 것은 자기관리에 달렸다. 자기 일의 가치를 높이며 일하지만 사람들과 관계 맺는 능력이 떨어져 어려움을 겪거나 게으름을 피운다면 성장은 멈출 수밖에 없다. 업무 능력이 높더라도 자기관리 능력이 떨어지면 자연스럽게 고객과의 신뢰 관계도 하락한다. 이것은 어렵게 쌓은 능력을 한순간에 잃게 만드는 위기로 이어진다.

넷째, 건강 관리다. 직업을 안정적으로 유지하기 위해 중요한 것 중 으뜸은 바로 건강이다. 건강을 잃는다면 직업도 수익도 모두 잃게 된다. 건강 역시 꾸준한 자기관리가 필요하다. 건강을 위해 반드시 스트레스를 잘 관리해야 한다. 직장을 다닐 때는 업무로 생기는 스트레스를 동료들과 풀 수 있다. 그러나 1인 기업가는 그럴 기회가 없다. 스트레스는 풀지 못하면 더 커지기 마련이다. 지속 가능한 1인 기업가가 되기 위해서는 스트레스 관리는 물론 건강 관리에 만전을 기해야 한다.

생존을 위해 극복해야 할 세 가지
—

누구라도 그러하듯 1인 기업가 역시 개인사와 업무상의 문제가 언제나 공존한다. 문제는 언제나 해결하고 극복해야 한다. 혼자 일하기 위해 우리가 뛰어넘어야 할 장애물은 생각 외로 많다. 그중 불안감, 다른 사람과 비교하는 마음, 외로움은 반드시 극복해야 할 고통이다. 이것들로부터 자유롭지 못하면 자신의 의지와 관계없이 1인 기업으로 생존할 수 없다.

첫째, 불안감을 떨치자. 누구나 미래에 불안감을 가지고 있다. 이 불안감을 이겨내거나 자신만의 방법으로 풀 수 있어야 한다. 내 딸은 시험을 칠 때마다 불안감 때문에 원하는 결과를 얻지 못해 실망하는 경우가 자주 있다. 자기가 처한 상황을 슬기롭게 푸는 방법을 찾아야 하는데, 이런 것은 어느 정도 삶의 경험이 쌓여야 가능하다.

'물 들어올 때 노 저어라'라는 속담이 있다. 이 속담을 맹신하는 사람들이 의외로 많다. 특히 1인 기업가 중에는 더 많다. 언제 일이 끊길지 모른다는 불안감에 정신없이 자신을 몰아붙일 때나 실패의 경험이 있는 사람들에게서 흔히 나타나는 현상이다. 실패 경험이 있는 사람 중에는 자기만의 시간을 충분히 갖지 못해 몸이 망가지고, 올바른 판단을 내리지 못해 장기적인 목표를 세우지 못하는 경우가 많다. 불안감이 주는 악순환이다.

불안감을 극복하기 위해서는 먼저 긍정적인 태도를 가져야 한다. 살면서 불안을 느끼지 않고 사는 사람은 없다. 긍정은 불안을 물리치는 강력한 무기다. 또 다른 방법은 삶의 속도를 늦추는 것이다. 삶을 무겁다고 느끼는 가장 큰 이유는 자신의 능력을 벗어나는 꿈을 가져서다. 우리의 미래는 오늘 무엇을 했느냐에 달렸다고 한다. 내 삶은 지금 내가 무엇을 하느냐에 달렸다.

둘째, 비교하지 말자. 자신을 남과 비교하는 습관을 버리고, 남과 비교되는 것도 이겨내야 한다. 이는 학창 시절과 비슷하다. 일을 하다 보면 나와 비슷한 서비스를 제공하는 기업가들과 비교당하기도 하고 스스로 비교하기도 한다. 정도의 차이는 있으나 비교당하는 것을 극복하기는 쉽지 않다. 비교에서 벗어나기 위한 가장 좋은 방법은 성과보다 과정 그리고 그 과정을 만들어나가는 가치를 정확히 아는 것이다. 개인의 삶의 가치는 비교 대상이 아니다. 서로 다를 뿐이다. 특히 '돈'을 가치의 기준으로 두고 비교하기 시작하면 문제가 커진다. 나는 가능하면 내 삶을 타인과 비교하지 않으려 노력한다. 경쟁의식이 전혀 없는 것도 문제이므로 그 수위를 잘 조절하며 경쟁 상대를 살피기는 하지만 그것으로 기운을 빼지는 않으려고 한다.

내게도 이 비교 때문에 무척 힘들었던 때가 있었다. 함께 일했던 친구가 있었는데, 사실 비교 대상도 되지 않았으나 이상하게 자격지심이 생겼고 그만 보면 언제나 커다란 부족함을 느꼈다. 그는 당시 공중파 방송에까지 진출해 한 코너의 진행을 맡은, 똑똑하고 대인관계에도 뛰어난 친구였다. 이 불편함 감정에서 벗어나고 싶었지만 쉽지 않았다. 그러던 차에 우연히 이현세 만화가의 글 〈천재와 싸워 이기는 방법〉을 보고 해결책을 찾았다. '천재들과 절대로 정면 승부를 하지 마라. 천재를 만나면 먼저 보내주는 것이 상책이다. 이 말대로 라면 상처 입을 필요가 없다. 작가의 길은 장거리 마라톤이다. 10년 이든 20년이든 꾸준히 자신의 일을 묵묵히 하면, 어느 날 멈춰 선 천재를 넘어설 수 있다'는 뻔한 이야기였다. 그러나 비교하고 비교당하던 나에게는 매우 도움이 됐다.

셋째, 외로움을 이겨내야 한다. 그렇지 못하면 포기하거나 잘못된 판단을 하게 된다. 어느 날 라디오 프로그램 〈이진우의 손에 잡히는 경제〉에서 들었던 내용이다. 젊은 창업자 성공 스토리로 모 대학교 인문대 수석 졸업자이며 토스트 가게를 하던 젊은이의 이야기가 소개되었다. 그는 잘되던 토스트 가게를 접었다며, 그 이유가 바로 '외로움' 때문이라고 말했다. 온종일 토스트를 팔고 있으면 혼자라는 외로움이 그를 짓눌렀다고 한다.

1인 기업가 중 적지 않은 사람들이 '집에서 일하는 1인 기업의 가장 큰 적은 역시 외로움'이라고 털어놓을 정도다. 이를 극복하기 위해서는 가급적 집에서 나와 여러 사람들이 같이 일하는 곳에서 일하고 비슷한 일을 하는 사람들과 네트워크를 꾸려야 한다.

나도 지난 7년 동안 온종일 카페 두세 곳을 옮겨 다니며 일했다. 필요할 때 일할 수 있어서 업무 효율성은 높았으나 역시 외로웠다. 이런 심정을 잘 알기에 나는 한 달에 한 번 1인 기업가들이 모여 속

내를 털어놓을 수 있는 '1인 기업가 회식(현 1인기업가 포럼)'을 진행하게 되었다. 그리고 실제로 이 자리에서 많은 사람들이 외로움을 덜어내고 있다는 이야기를 듣게 되었다.

1인 기업가의 연차별 생존 전략
—

1인 기업을 시작할 때가 엊그제 같은데 어느덧 10년이 지났다. 회사를 나와 처음 시작할 때는 어떻게 해야 할지 막막함과 불안함이 컸다. 어떻게든 3년만 버텨보자 했는데 5년이 지나고 10년도 지난 것이다. 여기까지 버텨오기는 했지만, 조금만 다르게 살았다면 더 행복하고 수익도 더 올릴 수 있지 않았을까 하는 생각도 든다.

혼자 일하기 시작한 초기에는 하고 싶은 것도 많았고 그만큼 불안한 마음도 컸다. 사람들을 만나면 모든 생각의 중심이 사업과 어떻게 연결시킬까에 있었고, 업체 담당자를 사냥하듯 찾아다녔던 기억이 난다. 지나고 보니 이런 나의 태도는 1인 기업가로 성장하는 데 전혀 도움이 되지 않았다.

5년 정도 지나면서 깨달은 것은 전문성을 확보하면 영업망은 아주 자연스럽게 해결된다는 것이다. 내가 나의 분야에서 제대로 잘하기만 하면 그들이 날 찾아온다는 너무나 당연한 사실을 깨닫는 데

5년이라는 시간이 걸렸다. 이런 경험이 쌓이면서 조금씩 삶의 방식이 변화했다. 내가 잘할 수 있는 전문 분야의 경력을 소신 있게 차곡차곡 만들어갔다.

1인 기업가의 연차별 생존 전략

- 초기 단계(창업 1~3년 차): 그동안 쌓아온 네트워크와 전문성을 토대로 생존하기
- 발전 단계(창업 4~6년 차): 경험을 토대로 실력과 전문성을 성장시키고, 새로운 영역에서 고객이 원하는 바를 파악하고 상품을 개발하여 확대된 영역에서 생존하기
- 성장 단계(창업 7~10년 차): 장기적인 목표를 가지고 전문성을 더 보강하며 네트워킹을 확대하면서 생존하기

이 모든 과정은 차별화된 경쟁력을 전제로 한다. 1인 기업가로 잘 살아가려면 3년과 5년의 고비를 잘 넘겨야 한다. 3년 차 즈음에 새로운 무기(상품)를 만들어야 5년 이후에도 생존이 가능하다. 한 가지 상품으로 지속적인 생존을 꾀하기는 어렵기 때문에 이 작업은 3년 전부터 챙겨야 한다. 5년 이후에는 전문성과 네트워킹이 정말 중요하다. 혼자 일하기보다 협업해 작업 과정을 늘려야만 계속 일할 수 있다.

혼자로서 한계는 존재한다. 그렇다고 직원을 늘리라는 의미는 아니다. 함께 일할 사람을 만들어라. 함께 일하는 협업 비즈니스를 해나가라는 뜻인데, 이것은 지속적인 생존을 위한 전략이기도 하다.

1인 기업가 생존 필수 요소

첫째, 전문성이다. 앞서 수없이 반복했던 말이다. 1인 기업의 생존 키워드는 '전문성'이다. 이걸 빼면 살아남기 힘들다. 영업력이 뛰어나면 기회가 한 번 주어질 수 있다. 그러나 전문성이 부족하면 이 한 번의 경험은 경험으로 그치고 만다. 단골 고객을 확보하기 위해서는 반드시 전문성을 구축해야 한다.

둘째, 함께 일할 수 있는 사람을 찾아라. 1인 기업가라고 꼭 혼자 일할 필요는 없다. 오히려 협업 기회를 더 많이 가져야 한다. 1인 기업가의 협업은 영업자 확대와 같다. 시작할 때는 손해 본다는 생각이 들기도 하지만 일정 시간이 지나면 효율적으로 협업하는 방법을 만들 수도 있고 비지니스 영역도 확대된다. 협업이 확대되면 기업과의 경쟁이 가능하고, 큰 규모의 프로젝트에도 뛰어들 수 있다. 당연히 수익도 높일 수 있다.

수입을 다각화하는 방법

—

1인 기업을 시작하고 1~2년 동안은 주변의 도움을 받고, 퇴직하면서 가져온 아이템 중심으로 생활한다. 1년이 넘어가면 이런 생활에 조금씩 변화가 일어난다.

선택과 집중을 정확히 하라

처음에는 주변의 도움이 크다. 처음 시작한 나를 위해 주변에서 작더라도 한 번씩 기회를 주려고 하기 때문이다. 그러나 한 번이 두 번이 되지 않으면 바로 일이 줄어든다. 지인에게 의뢰받은 일을 하면서 초기에 가장 공을 들여야 하는 부분은 바로 전문성 강화다. 전문성을 인정받아야만 2차, 3차 연결이 되고 이것을 토대로 성장할 수 있다.

초기에는 잘하는 일에 집중해 수입을 만들고, 어느 순간부터는 하고 싶은 일과 병행하면서 수입을 다각화해야 한다. 여러 가지 일을 하려다 보면 어려움이 생긴다. 반드시 선택과 집중을 해야 한다.

나만의 포트폴리오를 확장하라(개인 미디어 활용을 통한 포트폴리오 확장)

회사를 나올 때 가지고 있던 지식이나 인맥으로 유지되는 기간은 길어야 3년이다. 이후에도 잘 버티고 성장하고 싶다면 1인 기업을 시작할 때 하던 일에 집중하는 것도 중요하지만 다른 쪽으로 도약하는 시도도 겸해야 한다. 다른 사람과 조금 다른 차별성을 반드시 만들어야 한다. 자기계발 없이는 금방 바닥이 드러난다는 것을 잊어서는 안 된다. 포트폴리오 확장의 전제 조건은 끊임없는 자기계발이다.

회사에서 나와 가장 공들여 준비한 것은 기존의 퍼스널 브랜드를 기반으로 한 포트폴리오 확장이었다. 나는 처음에 제품 판매와 컨설팅으로 수익을 마련했고, 이와 동시에 천천히 나만의 콘텐츠를 만드는 일에 집중했다. 수익의 다각화, 수입의 지속화를 위해서였다.

내가 찾은 다른 방안은 전문 인터뷰와 다양한 콘텐츠 만들기였다. 전문 인터뷰어와 파워 블로거라는 두 영역은 충분한 가치가 있었다. 다양한 사람들을 만나 인터뷰하고 이것을 블로그에 올리니 출판사에서 인터뷰 제작 요청이 왔다. 글로만 쓰던 인터뷰를 영상과 함께 만들어달라는 의뢰가 들어오면서 영상 제작에도 손대게 되었다. 인터뷰어로서의 모습이 영상을 통해 노출되자 행사 진행이나 강의 요청이 늘어났다. 자연스럽게 일하는 영역이 확장되고 수입이 다각화된 것이다. 내 경험을 바탕으로 포트폴리오 확장 방법을 제안한다면 다음과 같다.

첫째, 블로그를 꾸준히 운영해 전문성을 인정받고 트위터와 페이스북으로 자연스럽게 미디어를 확장한다. 남들보다 조금 일찍 소셜 미디어와 친해지자 해당 분야 전문가로 인정받았고 이를 기반으로

《트위터 200퍼센트 활용 7일 만에 끝내기》(살림출판사, 2010)를 출간했다. 책이 출간되자 기업에서 찾는 일도 늘었다.

둘째, 국내외 유명인과 전문가를 인터뷰하면서 다른 누구보다 빨리 트렌드를 익히고 해외 정보를 많이 얻었다. 많은 사람을 만나느라 사무실에 앉아 있을 시간이 없어서 고육지책으로 생각한 것이 모바일 오피스 도입이었다. 이것도 남들보다 한 걸음 빨랐다. 모바일 오피스를 경험하며 조금 더 효율적으로 일하기 위해 스마트워킹을 고민했고, 실행했다. 이 분야 관련해서도 책을 출간했다.《스마트 워킹 라이프》(영진닷컴, 2011)가 바로 그것이다. 모바일 오피스 환경이 확대되고, 자료 관리의 중요성이 부각되며 관련 서비스인 에버노트얼리 어답터로서 나는 자연스럽게 에버노트 전문가가 되었고, 관련한 책 세 권을 출간했다.

셋째, 1인 기업가로 생활한 지 9년 차가 되면서 새로운 영역에 도전했다. 인터뷰 경험과 1인 기업가들이 갖는 궁금증을 해소해주기 위해서 〈나는 1인기업가다〉라는 제목으로 팟캐스트를 시작한 것이다. 방송 시작과 함께 관련된 사람들을 위한 오프라인 행사도 정례화했다.

퍼스널 브랜드가 통하기 시작하면서부터는 포트폴리오 확장이 조금 더 쉬워졌다. 누구나 자기 포트폴리오는 아주 느린 속도로 확장되는 듯 보인다. 확장 영역도 어울리는 것인지 의심이 들 때도 있

4-1 수입 다각화를 위한 포트폴리오

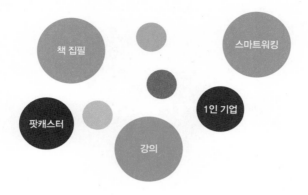

다. 그러나 자기계발에 게으르지 않고 꾸준히 네트워킹을 하다 보면 아주 자연스럽게 그 영역이 늘어나고 영역과 영역 간의 관계가 그물 망처럼 이어진다. 이 모든 성장의 전제 조건은 개인의 전문성이다.

버티기

잘하는 것과 버티는 것의 차이
—

버티는 힘은 1인 기업가에게 가장 중요한 능력이다. 직장에서도 버
티는 능력은 필요하다. 차이가 있다면 1인 기업가는 문제가 생기면
스스로 해결하고 혼자 버텨야 한다는 점이다. 그래서 더 고통이 크
다. 버티면서 일과 삶의 가치도 만들어야 하고, 만족도도 높여야 한
다. 이것은 생각처럼 쉬운 일이 아니다. 끊임없이 새로운 밥벌이를
찾아야 하고, 그에 대한 대가도 치러야 한다. 돈을 잘 벌 때는 일하
는 기계 같고, 가치만 추구하면 사는 게 궁색해지기도 한다. 이럴 때
는 이야기를 나눌 친구도 필요하다.

1인 기업가로 3년 정도를 보내고 나면 버티는 능력이 무엇인지 조금 이해된다. 여기에는 대단한 기술이 필요하지 않다. 고통이나 아픔을 견뎌내는 능력이다. 10년을 1인 기업가로 지낸 나는 버티기 위해 안간힘을 썼던 경험이 몇 차례 있다. 이런 경험이 누적된다고 더 쉬워지는 것은 아니다. 다만 버티면 언젠가는 지나간다는 것을 알고 있을 뿐이다. 의기양양하게 독립했다가 다시 회사로 들어가는 사람 중 상당수는 바로 첫 번째 버티기에 실패한 경우다.

버티기에 가장 필요한 것은 무엇일까? '강철 멘탈'이다. 힘든 상황에서도 절대로 흔들리지 않고 미래의 목표를 수립하고 나아갈 수 있는 능력이 필요하다. 때로는 주변에서 무슨 일이 일어나든 무덤덤하게 추진을 계속해야 버틸 수 있다.

홍대에 위치한 미용실 살롱 드 블러썸^{Salon de Blossom} 대표의 이야기다. 홍대에 2호점을 오픈한 후 위기가 발생했다. 임대료는 높고 경기는 좋지 않아 어려움이 컸다. 오픈 후 1년 동안 적자가 계속되었다. 그러나 1호점을 운영하며 어려움을 극복했던 경험이 있어 힘들지만 버틸 수 있었다. 이 시기에는 지출 비용을 최소화하고 서비스 개선과 직원의 능력 향상을 위한 교육에 힘쓰는 것이 바람직하다는 것을 경험으로 알고 있었던 것이다.

1인 기업가에게는 다른 어떤 능력보다 버티는 힘이 필요하다. 나 역시 당장의 매출을 걱정하면서도 반년이나 지나야 출간될 책을 쓰는 내가 정상은 아니라고 생각한다. 그러나 아무것도 하지 않으면 내년에는 더 어려울 것이라는 것을 알기에 항상 1년 후, 2년 후 모습을 그려가면서 생활한다. 일정이 없으면 다음 달 일정을 강제로 잡는다. 일정을 만들어야 새로운 무엇이 생길 가능성도 같이 만들어진다. 아무것도 하지 않으면 아무 일도 생기지 않는다. 나의 버티는 힘은 미래를 설계하며 그에 필요한 공부를 먼저 하는 것이다. 이렇게 일상적으로 지내다 보면 누구도 내가 문제에 빠져 해결 중이라는 것을 눈치채지 못한다. 이것도 하나의 전략이다.

11년 차 1인 기업가의 버티기 전략

첫째, 아무것도 하지 않으면 어떤 일도 생기지 않는다. 단기적 계획을 만들어서 움직여야 한다. 원하는 목표를 구체적으로 설계하고 이를 위해 무엇이든 추진해야 한다. 결국 시간은 흐르고 버티기 위해 했던 일은 생산으로 되돌아온다.

둘째, 지금 가장 문제가 되는 것이 무엇인지 파악하라. 특히 재정 상황 말이다. 현재의 재정으로 얼마나 버틸지 먼저 분석하라. 스스로 해결이 안 되면 은행을 이용하라. 혼자 해결하지 못할 때 전문가의 도움은 빛을 발한다. 코앞에 닥친 재정 문제를 해결하려다 다른 일을 하지 못할 수도 있다. 모든 것이 2~3개월 안에 확 바뀌지는 않는다.

셋째, 목표를 세우고 추진하라. 계획을 세울 때는 월 단위 계획과 함께 5년 후, 10년 후 목표도 같이 세워라.

1인 기업가로 버티기 위한 나만의 원칙

- 내가 좋아하는 일을 하기
- 철저한 직업정신 가지기
- 행복하게 일하기
- 스스로 홍보하기
- 새로운 변화에 도전하기

잘하기와 버티기 전략은 다르다

'잘하기'와 '버티기' 둘 중 어떤 선택을 하느냐는 사람마다 다르다. '성공'에 집중한 전략은 공격형이다. 이에 비해 버티기는 수비형이다. 1인 기업 초기에는 공격형으로 생활했다. 당연히 일에 많은 시간을 투자했다. 그러나 직장 생활을 할 때보다 더 바쁘게 지내는 것은 원하던 모습이 아니었다. 매일 같은 시간에 출근해 일하고, 마무리하지 못한 일을 두고 퇴근할 때는 고통스러웠다. 경제 상황이 좋지 않아 매출을 올리기 어려운 상황임에도 어떻게든 매출을 맞춰야 했다. 이를 위해 일에 시간을 더 많이 썼다. 어쨌든 과거보다는 좋아졌다. 하지만 몸이 고됐다. 앞으로도 이렇게 사는 것이 가능할지 미지수였다. 특히 인간관계가 부족하다고 느낄 수밖에 없었다. 관계가 일로 이어져 단순해지니 일이 끝난 후에는 언제나 혼자였다. 다양하고 깊은 관계를 맺으면 쉽게 해결될 일도 그렇지 못했던 것이다.

미래를 염두에 두자 생각이 바뀌기 시작했다. 5년 후, 10년 후에도 함께할 사람들을 만들기 시작했다. 함께 고민도 하고 스트레스도 풀다 보니 서로 돕는 사람들이 늘어났고 주변에 생기가 돌았다. 생각하지 못했던 협업과 공동 프로젝트도 생겼다. 단순한 수단으로서의 작업이 아니라 사람과 사람이 같이하는 일들이 시작됐다.

비용 지출을 줄여라

발생되는 비용을 파악하라

1인 기업가로 1년 정도 지내면 어떤 비용이 얼마나 필요한지 파악된다. 파악으로만 끝나면 안 된다. 지출 항목을 정기성과 비정기성으로 나눠 눈으로 볼 수 있도록 정리하라. 이를 토대로 1년 예산을 짜야 한다. 이렇게 정리해보면 지출 항목이 직장 생활을 할 때와는 확연히 다르다는 것을 알 수 있다. 이 방법은 특히 수입이 충분하지 않을 때 유용하다. 정리 후 어떤 항목을 얼마나 줄여야 하는지 파악할 수 있기 때문이다. 항목 중 정기적으로 지출되는 비용을 줄이는 것

지출 항목(정기적)	당신의 지출 항목
1. 사무실 임대료	
2. 출퇴근 교통비(유류비), 주차비	
3. 식대(접대비)와 찻값, 회식비	
4. 문구 구입 비용	
5. 4대 보험료	
6. 노트북 및 주변 장비 비용	
7. 스마트폰 기계값 및 통신료	
8. 능력 향상을 위한 교육비	
9. 축의금, 조의금	
10. 정기 세금(부가세, 소득세, 재산세, 자동차세 등)	
11. 명함 제작비, 가방 구입비 등	
12. 매월 월급 지급(가정)	
13. 여행 비용	
14. 정기 건강검진(병원비)	
15. 각종 보험료	
16. 기타	

이 중요하다. 지출은 수입을 고려해 책정하고 관리해야 한다. 기혼자라면 비용 관리를 조금 더 섬세하게 해야 한다.

회사를 다닐 때는 교통비와 식비가 포함된 용돈이 지출의 대부분이다. 사업자는 다르다. 사무실이 있다면 임대료도 필요하고, 교통비와 식대는 물론 미팅을 할 때 쓰는 접대비까지 고려해야 한다. 하다못해 볼펜이나 복사 용지를 사는 데도 모두 비용이 든다. 통상적으로 1년 정도 경험해보면 대략의 예산이 나온다. 경험으로 비추어

	홍 소장	나
월 단위 지출 항목 (대략 600만 원)	1. 연금, 의료보험 2. 사무실 임대료 3. 통신료 4. 식대(찻값) 5. 접대비 6. 교육비(책값) 7. 월급(가정과 자녀) 8. 기본 생활비 9. 각종 보험	
연 단위 지출 항목	1. 노트북과 주변 장비 구입 2. 부가세, 소득세 3. 여행비 4. 축의금, 조의금 5. 추석, 설 경비 6. 정기 세금 7. 자동차 보험료	
전체 비용	000만 원 예상	

볼 때 1년 차 1인 기업가가 봉급 생활자와 같은 수준을 유지하기 위해서는 매출이 최소 월급의 1.5배 정도 되어야 적자를 면할 수 있고, 2~3년이 지난 후에는 두 배 이상 수익이 발생해야 생존이 가능하다. 이것만 보더라도 1인 기업가의 생존은 직장인보다 어렵다. 따라서 독립 초기에는 최소 비용으로 생존하는 방법을 강구해야 한다. 단, 전문성을 높이는 자기계발 비용을 너무 아껴서는 안 된다.

1년 예산을 잡아보자

얼마의 비용이 나갈지 예상하고, 꼭 필요한 비용인지 확인해보기 바란다. 비용을 절감할 수도 있고, 앞으로 얼마를 벌어야 생존할지 예상할 수 있기 때문이다. 이런 점검으로 예상하지 못한 지출을 파악할 수 있다.

수직 상승은 희망 사항일 뿐, 긴 정체기를 견뎌라
—

수직 상승을 원하지만 현실은 수평이거나 아주 조금씩 상승하는 것이 일반적이다. 다이어트와 비슷하게 1인 기업의 성장도 계단식 성장이 일반적이다. 계단식 성장에서 우리가 할 수 있는 일은 정체기를 견디는 것이다. 사업 초기에 확실히 밀어주는 사람(투자자)이 없다면 기다림은 필수이다.

성장은 직선이 아니다

누구에게나 정체기는 있다. 때로는 나의 의지와 다르게 위기가 오기도 하고, 열정이 식으면서 의욕이 떨어지기도 한다. 이런 상황 자체가 1인 기업에는 위기다.

　나는 2011년부터 기존에 작업하던 주제와 다른 새로운 분야로 눈을 돌려 스마트워킹을 중심으로 책을 쓰고 강의를 시작했다. 이 분야는 중소기업과 대기업을 중심으로 빠르게 성장하는 듯 보였으나 곧 거품이 빠졌다. 나는 5년간 새로운 영역을 개척하며 꾸준히 투자하고, 책도 네 권이나 집필했다. 그러나 이런 노력이 무색하게 시장 상황은 나보다 더 느린 속도로 움직였고, 따라서 성장해야 하는 나는 오히려 정체기에 직면했다.

1인 기업은 기존 사업 분야를 토대로 시장을 만들기도 하고 새로운 시장을 준비해 창조하기도 한다. 전자라면 치열하게 경쟁자와 싸우면서 뛰어난 능력과 차별성을 보여야 성공할 수 있다. 후자라면 더 많은 사람들에게 존재를 알리고 전문성을 인정받아야 한다. 이때는 사업의 진출 타이밍이 중요하다.

나는 후자에 속했다. 스마트워킹 분야에서 남보다 먼저 시작해 시장과 함께 성장하며, 이 분야의 마중물 역할까지 했다. 책을 쓰고 해당 콘텐츠를 개발하면서 이 분야를 선점할 수 있었다. 하지만 시장이 성장하는 타이밍을 알기 어려웠고, IT 트렌드와 경제 이슈가 맞물리면서 오랜 정체기를 겪기도 했다. 이럴 때는 버틸 수 있도록 자금을 확보하거나, 반 발짝 앞서 시장을 끌어갈 수 있는 노하우가 있어야 한다. 즉, 시장 개척자는 장점도 크지만 버텨야 하는 시간을 예측하기 어렵다는 단점도 있다.

1인 기업의 최대 장점은 빠른 판단과 빠른 결정으로 시장을 리드

4-4 성장은 직선이 아니다

성장 구간 / 정체 구간 / 정체 후 성장

정체 구간을 견뎌야 성장으로 이어진다

할 수 있다는 점이다. 그러나 이것은 단점이기도 하다. 시장 변화에 매우 민감하게 영향받을 수밖에 없기 때문이다. 정체기를 오래 겪지 않기 위해서는 결국 지속적으로 변화하고 발전하는 동시에 제2의, 제3의 상품을 개발해야 한다.

정체기를 겪을 때 흔히 상품 개발을 대안으로 떠올린다. 이때는 타이밍이 매우 중요하다. 그리고 타이밍을 결정할 때는 주변 사람들과 함께 고민하고 결정하는 것이 바람직하고 경우에 따라서는 분야별로 전문가와 정기적으로 의논할 수 있도록 팀을 구성해 같이 공부하는 것도 좋다. 별도의 연구소를 만들 수는 없지만 함께 고민하는 전문가가 늘어나면 서로 든든한 버팀목이 될 수 있다.

정체기를 이기는 방법

《1인 회사》(수희향, 생각의나무, 2012, 99쪽)에는 "전문가를 향한 길은 안타깝게도 직선 코스가 아니다. 한순간 도약을 이루고 나면 길고 긴 정체 기간이 반드시 찾아온다. 그렇다고 이 기간 동안 스킬이나 능력이 정체되어 있는 것은 아니다. 지식, 연습, 땀 그리고 모든 내적 외적 고통들이 어우러져 아주 더딘 걸음으로 한 걸음씩 앞으로 나아가며 자신도 모르는 사이에 내공이 축적되는 시기이다. 하지만 그 성장의 보폭이 너무도 작고 더뎌서 곁으로 보기에는 도약의 순간과 비교해봤을 때 마치 정체되어 있는 것처럼 보일 뿐이다"라는 구절이 있다.

지금 자신의 모습을 보면서 멈춰 있다고 답답해하기보다, 이전과 비교해 어떻게 변화했는지 객관적으로 분석하고 판단해야 한다. 이 과정을 통해 지금의 정체기가 성장을 위한 것인지 시장에 적응을 하지 못한 탓인지 정확하게 파악해야 한다. 만약 성장을 위한 정체기라고 판단되면 조금 더 견디는 힘을 길러야 할 것이다. 그렇다면 정체기를 견디고 이겨내는 방법은 무엇일까?

첫째, 기다림이다. 나는 《스마트 워킹 라이프》를 2011년에 출간했다. 미국을 휩쓴 스마트워킹 바람은 아직 우리나라에 닿지 않았다. 5년 이상 기다리는 중인데 바람의 방향이 너무 다르다. 내가 지나치게 앞선 것일지도 모르겠다. 사회적 흐름으로 볼 때는 스마트워킹이 여기저기서 활발해야 하는데 현실은 그렇지 않다. 하지만 시장에서 2020년에는 모바일 컴퓨팅 시대이자 연결의 시대가 될 거라 전망하고 있으니 조금 더 기다림이 필요하다.

정체의 시간을 그냥 흘려보내면 안 된다. 고객이 무엇을 원하는지 시장조사를 다시 해보거나 반 발짝 앞서 시장의 움직임을 살펴보아야 한다. 사업에는 타이밍을 맞추는 것도 중요하다. 오랫동안 준비한 내 상품이 그 시장의 마중물이 될 수 있도록 기다려야 한다. 기술 트렌드는 따라오기 마련이다. 1년 후 달라질 상황을 파악하고 기다리면 고객들 역시 호응을 보낼 것이다.

둘째, 지속적인 자기계발이다. 1인 기업은 기업 면에서는 부족한 것이 많다. 그러니 전문성은 어지간한 기업보다 월등해야 신뢰를 얻을 수 있다. 해당 분야의 전문가가 되기 위해서는 관련 분야를 꾸준히 연구하고 책을 출간하는 것이 무엇보다 중요하다. 경험도 쌓여야 하니 시간도 필요하다.

셋째, 버틸 수 있는 자금력이 있어야 한다. 가능성 있다고 판단되는 분야에서 성공하기 위해서는 시장 상황도 잘 풀려야 하지만 자금력 또한 필요하다. 충분한 자금 확보가 어렵다면 최소한의 운영비를 마련해 정체기를 이겨낼 수 있는 방법을 찾아야 한다.

1인 기업가로서 보낸 10년 동안 내가 얻은 노하우는 미래의 먹거리(상품)를 찾아 비즈니스로(돈이 되게) 풀어야 한다는 것이다. 나 역시 지금도 고객이 무엇을 요구하는지 파악하고 그 요구 가운데 내가 할 수 있는 것이 무엇인지 찾아가는 중이다. 처음 시작한 일을 끝까지 고집할 필요는 없다는 이야기다.

1인 기업에 닥치는 위기와 관리 방법
—

1인 기업가에게는 직장인들보다 더 다양한 형태의 위기가 찾아온다. 그리고 이런 위기를 혼자 헤쳐나가야 하니 무척 힘들다. 1인 기업의 위기 발생 요인은 개인과 가족의 건강과 전문성 미확보, 주변 환경과 경제적 이슈로 분류할 수 있다.

1인 기업의 위기는 어디서 발생하는가?
• 미래에 대한 불확실성이 높다.
• 정기적이고 지속적인 수입 유지가 어렵다.
• 개인과 가족의 건강이 무너지면 모든 것이 무너진다.

첫째, 미래에 대한 불확실성이다. 미래에 대한 준비는 누구에게나 어렵고 힘들며, 정답은 쉽게 찾을 수 없다. 이 문제의 해결책을 찾기 위해서는 기초를 튼튼히 해야 한다. 기초가 약하면 응용 제품 개발이 어려워 확장성을 만들기 힘들다. 제품이 일정 수준까지 인정받았다면 포트폴리오를 확장해 매출을 증대할 수 있어야 한다. 내가 10년 동안 부딪친 위기를 극복할 수 있었던 이유 중 하나는 전문 IT 지식이었다. 이 지식이 있었기 때문에 해당 분야를 관찰하고 응용하며 포트폴리오를 확대할 수 있었다.

둘째, 정기적이고 지속적인 수입을 개발해야 한다. 개인 건강이나 사회적인 문제로 일정한 수입이 생기지 않을 수 있다. 이 상태가 반년 이상 지속되면 큰 어려움이 생긴다. 이런 과정을 극복하기 위해서는 매출 관리 방식을 월 단위가 아닌 연 단위로 해야 한다. 예컨대 비수기와 성수기를 이해하고 비수기에는 책을 집필하거나 컨설팅 위주의 작업을 하고, 성수기에는 이를 기반으로 매출을 증대할 방안을 마련한다. 나는 이런 방식으로 정기적으로 발생하는 수입을 늘리고 있다. 우선 책에서 나오는 인세 수입이 있고, 단발성 교육보다 장기적 교육을 확대하고 커뮤니티를 구성해 얻는 수입이 있다. 이를 바탕으로 해당 영역의 고객도 관리한다.

셋째, 개인과 가족이 건강을 잃을 경우다. 건강에 문제가 생길 것을 대비해 보험을 들긴 하지만 1인 기업가는 이런 점에 매우 취약하다. 유통기한은 제품에만 있는 것이 아니라 직업에도 있다. 건강을 잃게 되면 유통기한이 끝나는 것이다. 따라서 건강을 유지하는 것을 우선해야 한다. 그리고 나이가 들더라도 지속적으로 할 수 있는 직업으로 방향을 바꿔야 한다. 지금은 강의를 할 수 있다고 하지만 10년 후에는 체력이 달라지기 때문이다.

대부분의 1인 기업가는 이런 세 가지 위기를 겪기 마련이다. 나도 10년 동안 모두 한 번씩은 겪었던 문제다. 그때 어떻게 극복했던가? 현실을 직시하고, 나 자신을 뒤돌아보며 문제를 파악했다. 이를 기반으로 객관적이고 적극적인 방법으로 해결책을 찾아 나섰다. 극복 과정은 쉽지 않았다. 오랜 시간이 필요했다. 이 기간에도 역시 자기 관리는 매우 중요하다.

내가 경험한 가장 힘들었던 위기는 2015년에 맞이했던 네 번째 위기다. 보통은 한두 가지 문제로 어려움을 겪는데 그 당시에는 모든 것이 한꺼번에 발생했다. 새로 나온 책에 대한 반응도 과거에 비해 좋지 않았고, 주요 경기 상황이 나빠 기업 강의도 줄었다. 엎친데 덮친 격으로 개인과 가족의 건강에 문제가 발생해 병원에서 시간을 보내야 했다. 1인 기업가에게는 견디기 어려운 위기였다. 이 시간을 견딘 힘은 다음 세 가지다.

첫째, 긍정적인 생각. 위기관리를 위해서는 긍정적인 생각이 무척 중요하다. 어떤 일이든 잘될 수도 있고 안될 수도 있다. 일이 잘 안될 때 나를 견디게 한 힘은 목표와 가능성에 대한 희망이었다. 언제나 긍정적인 마음과 가능성을 가지기 위해서 스트레스를 관리해야 한다. 하루에 한두 시간씩 산책을 하면 머릿속의 수많은 생각을 정리할 수 있고 새로운 생각도 떠오른다. 이때 긍정적인 생각이 더 많아진다. 자기와의 싸움 중이거나 주변에서 생긴 문제에서 벗어날 때 쓰는 해결법이다. 산책은 건전한 사고를 갖기에 적당했다.

둘째, 혼자 판단하지 않고 전문가를 찾는다. 외부 상황으로 위기를 맞이할 때 문제를 해결하기 위한 방법으로 현실을 직시하고 해결책을 찾기 위해 전문가를 만난다. 전문가와 이야기해보면 나의 문제점이 파악되기 마련이다. 공격적인 방향으로 큰 그림을 그릴 때 적합한 방법이다. 전문가라 함은 현실을 직시해서 볼 수 있는 사람을 일컫는다.

셋째, 객관적으로 자신을 분석한다. 종이 가운데 자신의 이름을 적고, 마인드맵 형태로 가지를 확장한다. 이 가지에 그동안 어떤 것을 했고, 무엇을 잘했는지, 가장 많은 시간을 쏟는 것은 무엇이며, 고객의 요구는 무엇인지, 위기에 직면하게 된 직접적인 이유는 어떤 것인지 등을 기록한다. 이렇게 정리하다 보면 무엇을 해야 할지 답도 찾게 될 것이다. 평소에도 작성한 것을 다시 꺼내 보며 자신이 어떻게 변화하는지 살필 수 있어 적극 추천한다.

1인 기업이라고 모두 혼자 하려고 하면 어려움이 생긴다. 10년 동안 퍼스널 브랜드로 성장하면서 갖추어야 할 것이 무척 많았다. 단점을 보완해야 하니 부담도 컸고 시간도 부족했다. 이런 문제를 해결하기 위해서라면 반드시 다양한 분야의 여러 파트너와 함께 가야 한다. 개인의 전문성도 고려해 중소기업과도 경쟁하며 새로운 조직 형태의 협업 비즈니스로 성장해야 한다. 1인 기업가의 최대 장점인 전문성은 무한한 가능성을 열어줄 것이다.

고객 관리

고객에게 최선을 다한다

—

기업의 영업 비밀이란 시장에서 경쟁 우위를 확보하기 위해 개발한 기술 정보와 경영 정보를 의미한다. 1인 기업가에게 영업 비밀은 무엇일까? 바로 생존 방법 노하우다. 잘되는 1인 기업은 무엇이 다르기에 어려운 경제 여건 속에서도 생존할 수 있을까?

기업은 여러 조직으로 구성된다. 영업과 마케팅을 전문적으로 하는 부서가 있어 전문성을 가지고 상품을 판매할 수 있다. 고객 관리부는 체계적으로 고객을 관리한다. 반면 1인 기업은 이 모든 것을 혼자 해결해야 한다. 1인 기업이 가장 소홀하기 쉬운 부분은 바로 고객 관리다. 제품에 신경을 쓰다 보면 고객 관리에까지 힘이 미치지 못하기 때문이다.

정말 중요한 일을 놓치는 이유는 현재의 성과에 급급해 중요도가 떨어지는 당장의 일을 처리하느라 시간을 보내기 때문이다. 해결책은 간단하다. '급하지는 않지만 중요한 일'에 미리 투자해야 한다.

멀티 플레이어로 살아가다

1인 기업가는 혼자이지만 혼자가 아니다. 1인 출판사 더심플북스를 운영하는 문은지 대표는 디자인팀, 영상팀과 파트너십을 맺어 북트레일러를 만들고, 작가팀과 기획회의를 해 팟캐스트 대본을 완성한다. 주말에는 홈페이지 제작팀과 홈페이지를 만들고, 이어지는 다음 주에는 기획팀을 움직여 기획안을 만든다. 그 사이사이 영업팀을 가동해 서점과의 계약을 마무리하고, 같이 일할 저자들과 미팅도 하고, 홍보팀에게 전략을 짜라고 지시 내리기도 한다. 대표인 자신은 전체 시스템을 어떻게 운영할지 계획을 세운다. 이 모든 과정을 표면적으로 보면 여러 사람이 하는 것 같지만 자세히 들여다보면 모두 혼자 하는 일이다. 1인 기업가가 하는 일의 양이 엄청나다는 것을 확인할 수 있는 사례다. 문 대표는 2016년 5월에 창업했다. 여행 가이드북을 전자책으로 출간한 후 홍보 영상과 홈페이지, 마케팅과 영업을 모두 혼자 하고 있다.

마찬가지로 1인 출판사를 운영하는 이도원 대표 역시 비슷하다. 아침에는 마케팅팀으로, 오후에는 작가와 서점을 돌아다니는 영업팀으로, 저녁에는 한 가정의 아빠로서 생활한다. 월말이 되면 회계팀과 재고 관리팀을 추가로 가동한다. 이처럼 일정별로 각각의 팀을 이끌며 회사를 운영한다. 이 대표는 직접 책도 쓰고 강의도 한다. 작가팀으로 책을 쓰고, 강사팀으로 돈도 벌고, 마케팅팀으로 틈틈히 온라인 영업 활동을 하는 것이다. 집에서는 남편과 아빠로 하루를 바쁘게 사는 1인 기업가다.

1인 기업가의 작업 능력에는 한계가 없다. 아래 일은 대부분 1인 기업가들이 처리하는 업무다.

- 콘텐츠 생산
- 관계 맺기(네트워킹)
- 커뮤니케이션
- 전문적인 업무 능력
- 사업 판단력
- 정보 관리(고객 관리)

자신만의 스타일로 고객에게 최선을 다한다

비주얼 씽킹 전문가 정진호 대표는 "고객은 작은 친절에 감동한다"

고 말한다. 일례로 교육 담당자에게 자신이 그린 수채화 명함을 줬더니 굉장히 좋아했다고 한다. 그래서 정 대표는 해마다 다른 그림으로 명함을 제작한다. 정 대표의 고객들은 그의 작품을 받듯 명함을 수집한다. 워크숍 중에도 퀴즈를 내서 맞추는 사람에게 명함을 준다. 워크숍 후에는 그 명함에 사인을 받아가는 분들도 있다. 그래서 그의 명함은 엽서만 하다. 그러나 무엇보다 강의를 하는 그는 강의의 완성도를 높이려 노력한다. 그가 진행하는 워크숍은 강의, 그림, 영상, 음악, 따라 하기, 읽기 등이 종합적으로 엮여 있다. 60분 강의를 15분 단위로 쪼개서 주제가 전환되도록 한다. 아무리 좋은 이야기도 '지겹다'는 생각이 들면 결과가 좋지 않기 때문이다.

항상 주어진 일에 최선을 다한다는 비즈웹코리아 은종성 대표는 '부르면 간다'는 소신으로 사업을 한다. 이런 태도로 대전이라는 지역적 한계를 벗어나 10년 넘게 전국구를 무대로 생존해왔다. 현재 은 대표의 고객은 서울에서 제주도까지, 강의와 컨설팅으로 방문하는 기관(기업)이 연간 100여 곳에 이른다. 부르면 간다는 원칙은 1인 기업가의 안정성과 지속성과도 관련이 있다. 고객에게 늘 찾아간다는 것은 분명 에너지 소모가 큰 일이다. 그러나 다른 관점으로는 그의 콘텐츠를 더욱 전문화할 수 있는 방법이기도 하다. 그는 자신이 모르거나 잘할 수 없는 일은 다른 사람과 연결해주고 자신은 철저히 자신만의 영역을 중심으로 확장하는 전략을 고수한다. 이를 위해서는 다변화가 선결 과제라고 판단했다. 그리고 신뢰받을 수 있도록 아래와 같은 것을 함께한다.

첫째, 강의 요청 시 수강생에 대한 정보를 꼼꼼히 확인해 눈높이에 맞는 내용을 준비한다. 같은 주제라 하더라도 고등학생과 노인에게 같은 내용으로 이야기할 수는 없기 때문이다. 또한 영업하듯 강의를 한다거나 자랑을 늘어놓는다거나, 주제와 상관없는 이야기 혹은 정치나 종교 이야기 등은 하지 않는다.

둘째, 정기적으로 꾸준히 글을 쓴다. 글을 쓰면 이해도가 높아지기 때문에 책을 읽거나, 다른 사람의 강의를 듣는 것보다 효과가 높다. 꾸준히 글쓰기를 하고, 작성한 글을 블로그에 포스팅했던 것이 가장 큰 영업 활동 중 하나라고 한다. 그는 꾸준한 글쓰기가 책 집필로 이어진 덕분에 지역적 한계를 벗어날 수 있었다고 한다.

나는 10년 동안 어떻게 생존했을까? 되돌아보면 두 가지 영업 비밀이 있었다.

- 전문적인 콘텐츠 제작과 적극적인 셀프 마케팅
- 새로운 변화에 과감하게 도전하고 끝까지 이루고자 노력하기(버티는 전략)

온라인 마케팅을 배우지 않고도 셀프 마케팅이 가능했던 것은 블로그를 기반으로 한 온라인 글쓰기를 발전시켰기 때문이다. 콘텐츠를 제작한 후엔 이것을 모두 블로그와 유튜브 등에 공개하고 소셜미디어로 피드백을 받으면서 끊임없이 소통했다. 그리고 이 과정에서 부족한 것을 채웠다. 피드백과 커뮤니케이션은 블로그와 소셜 미디어로 해결했고 이것이 나를 발전시켰다. 부족한 인력을 외부에서 찾을 수 있었고, 이것이 셀프 마케팅으로 이어져 가치 있는 일들이 많이 생겼다. 덕분에 새로운 분야의 책도 출간할 수 있었다. 그리고 책은 전문성을 다지는 역할을 한다. 커뮤니케이션이 원활하면 시장이 필요로 하는 것을 파악하기 쉽고 새로운 변화에 대처하기에도 어려움 없이 나의 영역을 확대할 수 있다. 이 두 방법은 지금도 여전히 나의 영업 비밀이다.

고객의 성향을 파악하는 것이 가장 중요하다
—

1인 기업가로서의 성공 여부는 '자신과 맞는 고객을 만나 함께 일하는 것'에 달렸다고 생각한다. 혼자 일하는 사람은 더욱 다양한 방법으로 고객을 관리해야 한다. 이때 중요한 것은 고객의 성향을 파악해 충실히 일하는 것이다. 특히 오랜 시간 관계를 맺고 일해야 하는 고객이라면 고객의 성향을 파악하는 것이 매우 중요하다.

디팩토리 최인호 실장은 크리에이티브 디렉터 12년 차다. 그의 고객은 대부분 누군가에게 소개받아 관계를 맺은 사람들이다. 소개받은 고객을 놓치지 않아야 오래 살아남을 수 있다. 최 실장은 고객의 성향을 제대로 파악해야 고객이 떠나지 않는다고 한다.

고객을 성향별로 분류하면 첫째, 인간관계를 중요시하는 사람이 있고 둘째, 가격을 중요시하는 사람이 있으며 셋째, 제품의 수준(품질)을 보는 사람이 있다.

고객의 성향을 파악하기 위한 정보는 고객과의 관계 혹은 제3자를 통해서 얻을 수 있다. 먼저 상담으로 고객의 성향을 파악한다. 혹시 이것으로 부족하다면 이전에 어떻게 일을 진행했는지 확인해보면 된다. 지피지기면 백전백승이다. 고객을 세밀하게 분석한다면 일도 훨씬 수월하게 풀린다. 전문가가 차고 넘치는 요즘은 무조건 잘한다고 일이 잘되는 것은 아니다. 최 실장은 "영업과 사기는 종이 한 장 차이"라고 말한다. 사기도 사람의 마음을 얻어야만 가능하기 때문이다. 사람의 마음을 얻어서 내가 이익을 취할 때 상대방에게 피해를 주느냐, 이익을 주느냐에 따라 사기가 되기도 하고 영업이 되기도 한다. 가장 효율적인 영업은 고객이 고객을 소개해주는 것이다.

생존을 위해 성격과 원칙을 바꿀 수도 있다

—

1인 기업을 처음 시작할 때는 포부가 남다르다. 일도 파트너도 거래처도 가려서 받겠다고 각오할 것이다. 자신이 만든 기준에 부합하도록 일을 할 것이고, 돈이 되더라도 가치 없는 일이라면 과감히 버릴 것이라는 생각도 한다. 이런 생각은 애석하게도 창업한 지 3년 정도 지나면 깨끗하게 잊히게 된다.

창업 1년 차에는 강한 의지가 있다. 무엇이 문제인지 아직 알지 못한다. 그래서 설사 문제가 있더라도 바꾸려고 하지 않는다. 내가 하는 일을 세상은 아직 몰라보고, 고객의 생각이 잘못됐다고 비판하기 십상이다. 주변에서 문제를 지적해도 시간이 지나 브랜드가 알려지면 해결될 것이라고 속단한다.

창업 2년 차 때도 여전히 자신의 믿음 혹은 잘못된 판단에 미련을 버리지 못한다. 자신의 브랜드는 성장 중이고 시간이 조금 더 필요하다고 믿는다. 생각보다 고객과 이견이 생겼을 뿐이고, 시장이 성장하지 않아 자신에게 관심을 보이지 않는다고 판단한다.

창업 3년 차는 1인 기업가로 2년을 보내면서 조금 지쳤을 때다. 버틸 여력이 줄어든다. 그러나 고객의 요구에 조금씩 부응하기 시작한다. 원칙도 조금씩 바꾸려고 하고 고객에게 관심을 기울이기 시작한다. 태도의 변화로 고객이 늘어나면 그동안 지켜오던 원칙을 수정하기 시작한다. 조금 늦은 깨달음이라고 생각하지만 그나마 다행이라는 생각이 들기도 한다. 깨달음은 3년 차에 끝날 수도 있고, 고집을 부린다면 계속될 수도 있다. 버틸 수 있는 힘(자금)이 있다면 그 기간은 더 길어진다.

1인 기업 4년 차 보목공방 김종욱 대표는 창업 후 1~2년 동안은 작가 정신으로 무장한 상태였다. 작품 혹은 제품 의뢰가 들어와도 자신이 원하지 않는 일(자신의 취향과 맞지 않는 일)은 하지 않았다. 고객이 주문을 하면 자신의 취향이 반영된 모델을 제시했다. 이때는 가격도 고려하지 않았고 원하는 작품이라면 손해도 감수했다. 그의 장인 정신에 만족하는 고객도 있었지만, 대다수 고객이 자신이 원하는 것이 아니라며 주문을 취소했고 작품을 받았다 하더라도 지인에게 추천하지 않았다.

김 대표는 "내가 좋아하는 일이고, 최고를 만들려고 했다. 그러나 고객이 있어야 좋아하는 일도 지속적으로 할 수 있다는 것을 깨닫는 데 시간이 걸렸다. 자금이 충분하지 않으면 공방도 접어야 한다. 2년이 지나면서 알게 된 것을 3년 차부터 실행했다. 고객의 바람을 이해하고 수용했다. 제품을 알리기 위해 블로그 마케팅도 하면서 일하는 방법이 크게 개선되었다"며 경험이 쌓이면서 생존 방식도 만들어진다는 것을 알게 되었다고 고백했다.

1인 기업은 세상을 변화시킬 수 없다. 오히려 세상과 더불어 살아야 한다. 자신만의 원칙을 고수할 수도 있지만 이것도 생계를 해결하고 나서부터다. 따라서 1인 기업으로 나설 때는 일에 대한 자신의 가치와 생존의 조화를 잘 맞춰나가는 게 무엇보다 중요하다.

연결성을 확대하고, 성격도 변해야 한다

업무 전문성이 높은 사람 중에는 타인, 타 업무와 연결성이 떨어지는 경우가 꽤 있다. 1인 기업을 하려는 사람 중에는 회사나 파트너에게 받는 스트레스가 싫어서 새로운 일을 시작하려는 사람도 적지 않다. 그러나 1인 기업가라고 해도 혼자 일할 수 없다. 처음에는 혼자 일하면서 외부와의 협력을 최소화하는 것이 효율적으로 느껴질 수 있다. 그러나 장기적으로는 옳지 않다. 이런 사람들은 특히 주변에서 신뢰받는 전문가가 아니면 함께 작업하는 것 자체가 효율성 면에서 문제가 있다고 말한다.

예술적 재능이 필요한 직업군은 타인과의 협업에 더욱 미흡하다. 재능이 뛰어나 인정받았다 해도 장기적으로 일을 해야 한다면 조금 다른 관점으로 사람들과 관계를 맺어야 한다. 너무 내성적이거나 혹은 자신만의 판단으로 일을 추진하는 것이 옳다고 생각하더라도 협업은 반드시 고려해야 할 업무 능력이다.

오프라인에서 사람을 만나는 일이 영 귀찮고 어색하다면 소셜 네트워크를 통해 약한 연결의 힘strength of weak ties에 의지해 비즈니스를 푸는 것도 방법이다. 연결성이 부족한 이들에게 소셜 네트워크는 비즈니스로도 도움이 된다. 그러나 지속 가능한 일을 하기 위해서는 오프라인 연결성을 확대해야만 한다.

네트워킹

혼자가 아닌 협업이 필요하다

—

'빨리 가려거든 혼자 가고 멀리 가려거든 같이 가라'라는 말이 있다. 1인 기업이라고 해도 혼자 일하는 것은 점점 힘들다. 1인 기업도 협업을 해야만 성과도 가치도 커진다. 물론 작가나 강사 들은 혼자 일해도 생존할 수 있다고 할 것이다. 그러나 비슷한 일을 하는 사람들과 공동 집필을 하거나, 팀을 조직해 워크숍 등을 기획하면 조금 더큰 단위로 기업에 제안을 할 수 있다.

일례로 이원태 작가와 김탁환 작가는 콘텐츠를 만드는 주식회사원탁을 설립하고 공동으로 집필한다. 영화로도 제작된《조선 마술사》(민음사, 2016)가 그것이다. 이 작품은 책뿐만 아니라 웹툰과 드라마로도 확장 계획을 가지고 있다. 이 과정에서 드라마 PD였던 이원태 작가와 소설가 김탁환 작가의 시너지는 아주 좋았다.

내가 2016년 동안 꾸준이 진행해온 팟캐스트도 둘이서 제작하고 있다. 나 혼자 이 일을 했다면 이렇게 오랫동안 지속하지 못했을 것이다. 매주 새로운 주제를 정해 게스트를 섭외하고 이야기 나누는 일은 생각보다 쉽지 않다. 같이 일하는 사람이 없었다면 아이디어도 고갈되었을 것이다. 이 책 역시 팟캐스트가 근간이 되었다. 지금은 지역과 정기 포럼은 물론 공개 방송, 오프라인 회식 등 다양한 방식으로 확대되고 있다. 이 역시 같이 해주는 사람이 있어서 가능했다.

협업은 일의 영역도 넓힐 수 있지만 수익을 다변화할 수 있는 시도도 가능하게 한다. 《장사는 전략이다》(쌤앤파커스, 2016)의 저자이며 맛 칼럼니스트인 김유진 씨는 "1인 기업가는 점이다. 점은 둘이 있어야 선이 된다. 셋이 모이면 면이 된다. 넷이면 입방체가 된다. 점으로 머물 것인지 선이나 면 그리고 좀 더 입체로 가야할 것인지는 스스로 판단할 문제다. 다만 혼자 하는 일에는 한계가 있다는 것을 명심해야 한다"("대박을 만드는 장사의 전략 (with 김유진)", 〈나는 1인기업가다〉, 30편 3부)며 1인 기업일수록 협력의 기회를 만들라고 조언한다.

그러나 협업은 쉽지 않다. 좋은 사람이라고 좋은 파트너가 되는 것은 아니기 때문이다. 손해 보지 않고 협업하는 노하우는 무엇일까? 첫 번째, 인간적으로 친하게 지내는 것만큼 좋은 노하우는 없다. 한두 번 같이 작업하고 말 것이라면 친밀도보다는 작업에 대한 이해가 높아야 하지만 오래 같이 일하고 싶다면 일보다 같이 일하려는 상대에 대한 이해가 높아야 한다. 두 번째로는 내가 좀 더 손해 본다는 생각으로 일해야 한다는 것이다. 손해 보지 않고 협업을 하려다가는 개인적인 생각만 하게 되어 오래가지 못한다.

관계를 좀 더 중시하라

—

10년 이상 1인 기업을 해온 사람들에게 생존 노하우를 물으니 "좀 더 관계를 중시하라. 그래야만 제대로 된 시장이 보인다"라는 답이 돌아왔다. 이 말은 무슨 의미일까?

사람을 만나보면 대체로 세 가지 유형이 존재한다. 첫째 행사에 와서 명함만 챙겨가는 사람, 둘째 주어진 일에만 최선을 다하는 사람, 셋째 고객의 니즈를 정확하게 파악하는 사람이다.

첫 번째 유형은 가장 흔한 유형이다. 이들은 스쳐가는 사람에 속한다. 부산스럽고 실속 없다. 겉으로는 화려해 보이지만 내실은 없다. 이들의 특징은 잡다한 지식을 가졌으나 전문성은 떨어져 인정받지 못한다는 것이다. 부족한 전문성을 능력 있는 사람들과의 관계로 대치하려 하기 때문에 관계를 중요시 여긴다.

두 번째 유형은 자신의 일에만 최선을 다하는 유형이다. 전문가 집단에서 많이 만날 수 있다. 이 유형의 사람에게 어떤 요청을 하면 최선을 다해 결과물을 만들어낸다. 하지만 딱 거기까지다. 속을 터놓고 일하기보다 적당한 선을 지키며 일을 주고받는다. 이들은 자신만 최선을 다하면 일은 절로 생기리라 믿는다. 그러나 비슷한 사람은 주변에 많다. 따라서 차별화되지 않으면 자신을 어필하기 어렵다. 또한 이들은 늘 새로운 고객을 찾아야 한다. 안정적인 수입 확보도 어렵다. 뛰어난 능력을 가졌고 퍼스널 브랜드가 있다 해도 고객과 맞지 않으면 다시 찾지 않는다는 것을 이들은 모른다.

세 번째 유형은 고객의 요구를 정확하게 파악하는 사람들이다. 이들은 두 번째 유형보다 가치 있는 일을 맡아 하게 된다. 전문성은 기본으로 갖췄고 해당 업무뿐만 아니라 고객 관리에도 적합한 사람이기 때문이다. '좀 더 핵심 가치의 관계를 중시'하는 세 번째 유형은 외부에서 볼 때는 가치가 없어 보이는 일도 자세히 들여다보면 보이는 것이 많다는 사실을 안다. 대기업이나 관공서에서는 외부에 공고하지 않고 실행하는 일이 많다. 이런 일들은 담당자와 긴밀하게 관계가 유지되는 세 번째 유형이 하게 될 확률이 높다. 사람이 좋다고 일이 오지는 않는다. 전문성은 필수 조건이다. 여기에 거듭된 관계를 통해 형성된 신뢰가 중요하다.

10년 후에도 생존하는 1인 기업가의 능력 네 가지

—

시장에 진입해 안착했다면 10년 후에도 가능한 생존법을 찾아야 한다. 트렌드를 쫓을 것이 아니라 10년 후에도 자리를 지킬 수 있는 방법을 찾아야 한다. 자신의 전문성이 유지된다 해도 나이가 들면 하지 못하는 일이 생기기 마련이다. 이런 상황에 처하면 오랫동안 같이 일했던 사람이 힘이 될 것이다. 그래서 혼자 일할수록 네트워킹은 매우 중요하다. 자연스러운 네트워킹은 10년을 내다보는 1인 기업가가 반드시 갖춰야 할 능력이다.

첫째, 경험과 노하우. 경험과 노하우는 절대 사라지지 않는다. 경험은 자신이 어떻게 살아왔는지 말해주는 역사다. 이런 것을 차곡차곡 쌓아 나를 만들어야 한다. 경험은 나눠야 한다. 경험 속에서 새로운 10년을 살아가는 방법을 찾을 수 있다.

둘째, 장기적인 목표 설계. 단기적인 목표에 접근하는 방식보다 장기적으로 무엇을 만들고자 하는지 생각하라. 지금 이 순간만 보면 아무것도 만들 수 없다. 어려워도 3년, 5년을 내다봐야 한다. 이것을 이해하는 것이 매우 중요하다. 장기적인 목표 설계가 필요하다.

셋째, 경험적 글쓰기. 다른 사람이 아닌 자신의 경험을 토대로 글을 써라. 이 일은 충분히 가치가 있고, 10년이 아니라 20년 후도 보장할 수 있는 노하우이자 능력이다. 동시에 독자와의 공감대도 형성해야 한다. 10년 후 생존 방법에서 가장 중요한 것을 꼽자면 바로 꾸준한 글쓰기다. 직업군에 따라 다르겠지만 자신의 생존법과 경험을 글로 쓸 수 있는 것은 살아가는 데 큰 도움이 된다. 이것을 오픈형으로 제공하는 것이 블로그다.

나는 매년 책 한 권을 집필한다. 처음 글을 쓰고 책을 낼 때는 이것의 가치가 얼마나 커질지 몰랐다. 하지만 일곱 권의 책을 집필하는 동안 홍순성의 독자가 생겼고, 나는 이전보다 알찬 책을 출간하기 위해서 더욱 노력했다.

책 집필에는 적어도 6개월 이상의 긴 시간이 걸린다. 그만큼 꾸준하게 작업해야 한다. 중간에 수없이 멈추고 다시 시작할 수밖에 없는데 이 과정에서 가치를 찾지 못하면 그만두게 마련이다. 글을 쓰는 것은 늘 힘들다. 하지만 나누고 싶은 경험과 장기적인 목표가 책 쓰기를 지속하게 만드는 큰 힘이 되었다.

넷째, 건강하고 즐겁게 살기. 건강은 매우 중요하다. 건강 관리를 위해 자신에게 맞는 운동을 정기적으로 하는 것이 좋다. 나는 하루 한 시간씩 걸으면서 스트레스를 줄인다.

10년 후 생존 방법은 새로운 것에서 찾기보다 그동안의 경험에서 찾아야 한다. 경험에 점수를 줄 수 없다. 모든 경험은 그 나름대로 의미가 있기 때문이다.

chapter 5 | 성공한
1인 기업의
노하우

다시, 나는
1인 기업에 적합한가?

사업이 진행될 때는 성장 곡선을 그려보고 자신의 위치를 파악하는 것이 중요하다.

1인 기업 성장 곡선

—

모든 기업이 그러하듯 1인 기업도 정체와 침체, 성장을 거치면서 나름의 성장 곡선을 만들어간다. 기업에 따라 성장세가 가파르기도 하고 더디기도 하다. 지금까지 인터뷰를 한 1인 기업가들을 대상으로 그들의 성장 곡선을 파악해보았다.

5-1 1인 기업의 성장 곡선

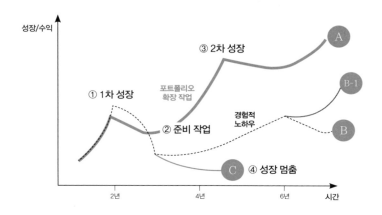

대부분의 기업은 1차 성장을 하고 2차 성장을 위한 준비 과정을 거친 다음 2차 성장을 맞이한다.

Ⓐ 빠른 성장 곡선

정체 구간이 있지만 그 기간이 짧다. 이런 곡선을 가진 기업은 1차 성장 시에도 2차 성장을 위해 꾸준히 준비하고 포트폴리오를 확장한다.

Ⓑ 느린 성장 곡선

다음 단계를 위한 준비가 더디거나 2차 성장을 하지 못하는 경우다. 성장이 더디면 일하는 사람이 일에 갖는 가치도 떨어진다. 이런 곡선이 만들어지고 있을 때는 버티는 힘이 중요하다. 버티는 힘에 경험과 노하우

226

가 힘을 합하면 정체 기간이 길더라도 극복할 수 있다. 정체 기간 동안 트렌드를 살피고 그 트렌드를 반영한 상품을 개발하면 B-1 곡선이 나올 수 있다.

ⓒ 성장 멈춤

1차 성장 후, 상품 개발이나 준비 없이 버티기만 하면 성장은 멈춘다. 전문성도 떨어지고 일에 대한 가치도 상실해 폐업을 고려하게 된다. 이런 곡선을 보이는 기업의 특성은 첫째, 자기관리가 부족하고 둘째, 전문성이 떨어지며 셋째, 네트워킹이 부족하다. 현재 자신의 상태를 파악하고 부족한 부분을 성장시켜야 한다.

단계별 특징

첫째, 1차 성장. 회사를 그만두고 사업을 시작한 뒤 1~2년 정도는 기존 네트워크를 기반으로 어렵지 않게 성장한다. 그러나 엄밀하게 말하면 이 성장은 성장이 아니다. 자기 힘으로 만든 것이 아니기 때문이다. 성장을 지속하기 위해서는 반드시 이 시기에 다음 상품을 준비하거나 전문성을 보강해야 한다. 전문가가 부족했던 시대와 달리 지금은 전문가가 차고 넘친다. 전문성만으로 승부를 볼 수 없으니 시장이 원하는 것을 정확하게 파악해야 한다.

둘째, 준비 작업. 2차 성장을 위한 준비 기간이다. 1차 성장 시기에 시장에 안착했다면 새로운 작업을 병행해야 한다. 이때는 돈보다 내가 잘하는 일, 내가 하고 싶은 일에 집중하는 것이 좋다. 하고 싶다고 전혀 경험해본 적 없는 일을 선택하는 것은 위험하다. 일례로 비주얼 씽킹 전문가 정진호 씨는 지금 성공적인 1인 기업가지만 3년 정도 후에는 현재의 상품으로 생존하기 어렵다고 판단해 하루 한 시간 이상 2차 성장을 위한 투자를 하고 있다.

셋째, 2차 성장. 스스로 성장하는 단계다. 전문성과 네트워킹이 필요한 단계이기도 하다. 일에 대한 가치도 커지고, 하고 싶은 일이 주어지기도 한다. 이때를 잘 유지하면 3차 성장으로 이어질 수 있다. 단, 시장 변화에 뒤처지지 않고 고객이 원하는 것을 정확하게 파악해야 한다. 다음 단계로 성장하기 위해 책을 쓰는 것도 추천한다. 또한 새로운 일에 도전하려고 한다면 이전에 하던 일과의 연결성을 반드시 고려한 뒤 뛰어드는 것이 좋다.

넷째, 성장 멈춤. 시작했다면 끝이 있다. 성장이 멈춘 시간이 길어지면 사업 정리도 고려해야 한다. 정리를 해야 할지 판단할 때 고려해야 할 사항은 수익, 능력, 행복이다.

이럴 때는 멈춰도 좋다

첫째, 수익이 발생하지 않는다. 사업을 지속하기 너무 힘들 때가 있다. 최소 비용으로 버틸 수 있다고 하나 한계가 계속되면 무리한 결정을 하게 된다. 부득이하게 하지 말아야 할 비즈니스도 하게 된다.

이것은 옳지 않다. 필요한 최저 생계비가 어느 정도인지 기억하고 이 수익을 반년 정도 지키지 못했을 때 정리 여부를 판단해야 한다.

둘째, 개인의 한계를 명확하게 알게 되었다. 조직 생활이 어려워 1인 기업을 시작했는데 오히려 더 어려움을 겪는 사람이 많다. 혼자 일하는 것은 조언자가 없어 더 어렵다. 일을 만드는 것도 의외로 쉽지 않다. 본인의 성향에 맞는 업무를 선택하거나, 적응하는 방법을 찾아야 하는데 이 또한 쉽지 않다. 일에 따라 다르지만 1인 기업가는 때로 갑보다 을의 경우에 놓일 때가 많다. 이 상황을 받아들이기 어렵다면 1인 기업도 어렵다.

셋째, 가족과 계속 부딪치며 행복감이 떨어진다. 간과하기 쉽지만 반드시 고려해야 할 것이 가족의 행복이다. 자신은 지금의 일이 재미있지만 가족이 행복하지 않다면, 그래서 가족과 계속 갈등이 생긴다면 이 문제도 반드시 해결해야 한다.

1인 기업가에게 책 쓰기는 변화와 도전의 산물
—

책은 1인 기업가에게 상품 설명서이자 포트폴리오다. 책 출간으로 브랜드 가치가 올라가고 전문성도 인정받게 된다. 그 결과 자신의 상품을 더 좋은 가격에 판매할 수 있다. 이런 점 때문에 1인 기업가

5-2 10년간 홍 소장의 좌충우돌 생존기

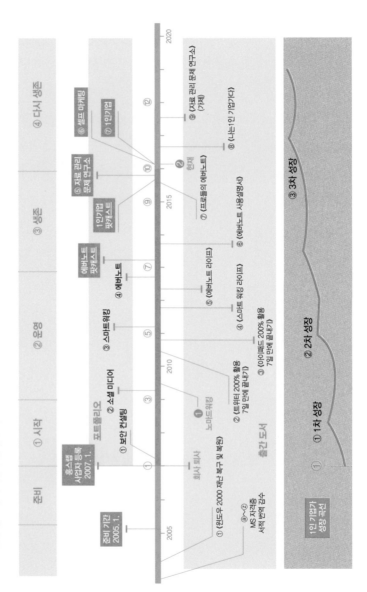

중에는 작가라는 타이틀을 동시에 가진 사람이 적지 않다. 나 역시 그동안 일곱 권의 책을 집필했다. 출간된 책 종수만큼 상품도 쌓였다. 책을 출간하며 전문성도 더 인정받았고 생존력도 높아졌다.

책을 통해 얻을 수 있는 또 다른 효과는 네트워킹 확장이다. 새로운 독자도 생기고, 영업에도 효과적이다. 앞서 설명했듯 1차 성장기에 발생한 수익을 지키고 지속적으로 성장하기 위해서는 변화와 도전이 필요하다. 상품의 수준이나 내용의 변화 없이 3년 정도 지나면 시장에서 도태된다.

10년 동안 내 전문 분야는 블로그, 소셜 미디어, 스마트워킹, 1인 기업 형태로 꾸준하게 변화했다. 이 영역을 기반으로 해당 분야의 책을 쓰고, 수익도 증가했다. 이처럼 책은 1인 기업가에게 변화와 도전의 산물이자 수익을 만들어내는 중요한 요소다. 또한 1인 기업가의 브랜드 전략이기도 하다. 책을 출간하면 자연스럽게 셀프 마케팅이 된다.

최근 시도한 변화는 팟캐스트다. 팟캐스트는 블로그를 잇는 최고의 콘텐츠 도구다. 2005년에 시작한 블로그는 시작한 지 11년이 지났지만 아직도 꾸준히 콘텐츠를 생산하고 있다. 하지만 이것만으로는 부족하다. 나는 앞으로 10년을 준비하면서 스마트폰에 적합한 콘텐츠로 팟캐스트를 선택했다. 팟캐스트로 방송을 하면서 다양한 분야의 전문가와 만나 매주 이야기도 나누고 있다. 블로그의 콘텐츠

처럼 팟캐스트의 콘텐츠 역시 확장해 책으로 펴낼 수 있다.

회사는 직업을 갖기 위한 좋은 수단

—

성공적인 1인 기업의 시작은 성공적인 직장 생활에 있다. 장기 비전을 수립할 때 언젠가는 1인 기업가가 되겠다거나 사업을 하겠다는 목표가 있다면 회사를 다니면서 관련된 능력을 키우는 것이 좋다.

　1인 기업가로 독립을 했는데 여러 상황 때문에 다시 직장으로 돌아가야 하는 일이 생기기도 한다. 나도 2000년부터 프리랜서로 2년 반 정도 활동했다. 그 당시 나는 윈도우 기반의 백업backup과 보안 컨설팅을 하고 있어 생활이 어렵지는 않았다. 그러나 지속적인 성장

가능성에 대해서는 스스로 확답하기 어려웠다. 그래서 다시 회사로 돌아갔다. 이후 4년 동안 조직에서 일하는 방법과 다양한 업무 노하우를 얻었다. 무엇보다 다양한 네트워킹으로 사회를 바라보는 눈이 한층 더 성숙해졌다.

축구 전문 기자 서호정 씨도 1인 기업가가 되기 위해 두 번의 시도를 했다. 처음 독립했을 때 그가 깨달은 것은 미디어의 특성상 수익을 내기가 어렵다는 것이었다. 그래서 이를 보완하기 위해 다시 직장에 들어갔다. 회사를 다니면서 전문성을 더 쌓고 퍼스널 브랜드도 성장시켰다. 그러고 난 뒤 두 번째 도전은 성공적이었다. 서호정 씨는 1차 도전 후 회사를 선택할 때 더 많은 고민을 했다고 한다. 그가 회사 생활을 하면서 가장 공을 들인 것은 자신의 브랜드를 쌓는 것이었고, 그런 조건이 충족되는 곳에서 일을 했다.

사업 실패가 아니라
상품의 실패다

상품을 제대로 만들지 못하면 결국 실패한다. 사업에 성공하려면 자신 있는 상품을 들고 시장에 나와야 한다. 그 상품이 무엇이든 시장의 요구를 정확하게 파악해서 필요한 제품을 만들어야 한다. 이것은 퍼스널 브랜드를 쌓는 것보다 중요하다.

정리 컨설턴트 윤선현 대표는 6년 차 1인 기업가다. 창업하면서 제품을 만들기 시작했고, 이후 2년 동안은 최저 생계비로 버티며 '정리 컨설팅'이라는 상품을 보편화하기 위해 노력했다. 이 과정에서 《하루 15분 정리의 힘》(위즈덤하우스, 2012)이라는 제목으로 책을 출간했고, 덕분에 전문성을 인정받았다. 3년간의 노력으로 1차 성장세를 맞이했다. 방송 출연과 언론 인터뷰로 대중에게 알려지기 시작했다. 강연 요청이 늘어났고 정리 컨설팅 의뢰도 들어오기 시작했다. 시장을 관찰하고 고객의 요구를 정확하게 파악한 후 퍼스널 브랜드를 성장시킨 노력의 결과다.

반대로 퍼스널 브랜드는 쌓였는데 제대로 된 상품을 만들지 못해 실패한 경우도 흔하다. 1인 기업 5년 차인 K 대표는 아직도 자신 있게 내놓을 만한 상품이 없다. 당연히 성장도 멈췄다. 이런 경우에는 일에 대한 전체적인 검토가 필요하다. 자신을 분석하고 고객의 요구에도 좀 더 귀를 기울여야 한다. 개인이 가진 전문성이 무조건 답이 되는 것은 아니다. 시장에서 그다지 필요로 하지 않는 전문성은 1인 기업가의 생존에도 별로 도움이 되지 못한다.

1인 기업 성공을 위한 조건

—

자신만의 상품 만들고 찾기

대중이 필요로 하는 것 중 자신만의 상품을 만들어야 한다. 내 상품 중에는 에버노트가 있다. 물론 내가 에버노트를 개발한 것은 아니다. 그러나 나는 한국 사람들이 필요로 하는 에버노트 사용법을 시장에 내놓았다. 에버노트 얼리어답터로서 세 권의 책을 썼다. 스마트 모바일 시대에 맞춤한 에버노트 이용자라면 다른 누구의 설명보다 내 설명이 효율적이라고 여기도록 노력했다.

시원스쿨의 이시원 대표도 비슷한 경우다. 이 대표는 '성인 초보 영어'라는 시장을 개척해 국내 영어 학원 업계 3위에 올라섰다. 대중이 필요로 하는 것을 찾아 제품을 내놓고 시장을 개척한 것이다. 자신만의 상품이 시장에 통하도록 하기 위해서는 고객이 누구인지, 그들은 무엇을 원하는지 정확하게 파악하고 기존 제품과 구별되는 내 상품만의 차별성을 만들어야 한다.

고객을 파악하는 방법으로는 관심 키워드 검색이 대표적이다. 얼마나 많은 사람들이 관심을 가지고 있는지, 최근 1년 사이에 뉴스는 얼마나 쏟아져 나왔는지 파악해보면 감이 잡힌다. 관련된 블로그 댓글만 보더라도 사용자의 이야기를 얻을 수 있다. 그밖에 대중의 관심사를 알아보기 위한 방법은 다음과 같다.

- 네이버 데이터랩 서비스: 몇 가지 관심 키워드가 월간/분기/연간 얼마나 검색되었는지 알 수 있고, 검색 데이터 분석으로 시기에 따른 소비자의 관심과 변화를 함께 확인할 수 있다.
- 구글 알리미 서비스: 원하는 뉴스를 매일 전달받을 수 있는 방법이다. 여러 키워드를 입력해놓으면 해당 내용을 놓치지 않고 받아 볼 수 있고 시장성도 파악할 수 있다.
- 소셜 네트워크 활용: 페이스북 등에 관심 주제를 올려 여러 분야 사람

들과 의견을 나눌 수 있다.

상품 개발을 위해 변화에 과감해져라

내가 개발해야 하는 상품은 특별히 정해진 곳에 있는 것은 아니다. 우연히 발견되기도 한다. 아무 일이 없다고 아무것도 하지 않으면 미래도 없다. 미래에 투자하지 않으면 단명하게 된다.

2015년에 시작한 팟캐스트 〈나는 1인기업가다〉의 시작은 다소 무모할 수도 있었다. 프리랜서라는 표현은 많이 사용되고 있었지만 1인 기업이라는 단어는 시장에서 별 반응이 없었기 때문이다. 그럼에도 불구하고 나는 지속적으로 팟캐스트를 운영했다. 그리고 몇 개월이 지나니 기회가 생기기 시작했다. 1년을 지속하자 방송 50회, 100만 다운로드가 기록되었고 이를 기반으로 한 오프라인 모임도 생겼다. 시장이 반응하기 시작한 것이다.

장사꾼 마인드를
가져라

1인 기업은 내가 좋아하는 일을 할 수 있어 매력적이다. 그래서 하기 싫은 일은 안 하려는 이들이 있다. 하고 싶은 일만 하는 것을 '예술가 마인드', 하기 싫지만 고객이 원하는 일은 수용하는 태도를 '장사꾼 마인드'라고 하자. 직업에 따라 차이가 있으나 연차에 따른 마인드 변화를 1인 기업가와의 인터뷰를 토대로 살펴보았다.

앞서 이야기한 보목공방 김종욱 대표도 초반에는 예술가 마인드로 사업에 임했다. 이후 경험이 쌓이고 버틸 수 있는 자금이 줄어들면서 생존을 위해 전략을 바꾸었다. 대부분의 1인 기업가가 이와 비슷한 경험을 한다.

1인 기업 12년 차인 최인호 실장은 스스로를 '최인호 1.0'과 '최인

5-4 장사꾼 마인드와 예술가 마인드

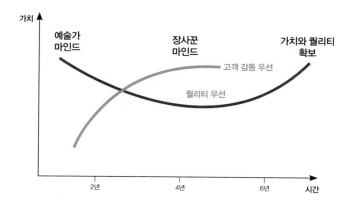

5-5 연차에 따른 태도 변화

연차	비중	태도
1년 차	예술가:장사꾼 = 8:2	고객보다 내가 우선이다.
2년 차	예술가:장사꾼 = 6:4	고객 마음은 알지만, 그래도 내가 우선이다.
3년 차	예술가:장사꾼 = 4:6	고객의 마음을 이해하고 원하는 바를 행한다.

호 2.0'으로 구분한다. 그는 1.0 버전의 최인호는 예술가 마인드였

고, 2.0 버전부터는 장사꾼 마인드가 됐다고 말한다. 예술가 마인드

로는 돈을 버는 데 한계가 있었다. 자기를 고집하니 고객과 마찰도

많았다. 일을 수주할 것인지 말 것인지도 오로지 자기가 결정했다.

이런 태도를 장사꾼 마인드로 변화시키자 자연스럽게 수익도 증가

5-6 최인호 실장의 1인 기업사

HISTORY

첫 회사 입사
(인턴)
2003. 7.

이직
2003. 9.

최인호 1.0 시작
2005. 5.

규모를 키워볼까?
2007. 5.

디자인은 하나다
2008. 5.

WORK

광고 디자인

프레젠테이션
디자인

프레젠테이션 전문 디자인
엘티미디어 설립
(1인 기업 시작)

프레젠테이션/광고 디자인
엘티커뮤니케이션 설립
(3인이 공동 운영)

영상 디자인, 3D 디자인 등
사업 영역 확대

3D VR 사업 시도(2008~2009)
3D Creator.
– 시기 상조로 접음

2006
집필 활동 병행

《회사에서 바로 통하는 파워포인트 2003》
《회사에서 바로 통하는 파워포인트 2007》
《업무의 달인 파워포인트 2007》
《눈치 빠른 최 과장이 쉽게 알려주는 파워포인트 2007》 등

최인호 3.0 시작
2017. 1.

브랜딩 전문가
스몰 비지니스 디자인 멘토
1인 디자이너 강연가

최인호 4.0 시작
2027

외식업 창업 전문가
상권 분석 전문가

최인호 2.0 시작
2011. 5.

디팩토리 시작
프레젠테이션 디자인/제안 디자인/홍보 영상/
인쇄 디자인/브랜딩 디자인(아이덴티티~인테리어) 컨설팅

2014. 5.

노유민크페 FC 본부장 및
개인 카페 창업 컨설팅 시작

2015. 5.

브레드웁 주소 오픈

최인호 1.0 끝
2010. 5.

엘티커뮤니케이션
폐업

2012. 7.

카페 보통날 오픈

카페 창업 업무 시작

카페 디테이블 오픈

(출처: 최인호 실장)

했다. 2.0 버전이 시작된 2011년 이후 가장 달라진 점은 고객 감동을 일의 최우선에 두었다는 것이다.

디자이너인 최인호 실장은 1인 기업 8년 차부터 카페를 운영하기 시작했다. 카페 사업도 한 차례 실패를 맛봤다. 최 실장은 실패를 겪으면서 마인드가 바뀌었다고 말한다. 그는 "카페 운영은 장사꾼 마인드가 중요하다. 예술가 마인드로 운영하면 잠깐 눈에 띌 수는 있지만 지속성에 문제가 생긴다. 손님의 요구가 빠지기 때문이다. 손님의 요구를 잘 수용하고 동시에 내가 가진 예술적 감성을 더하니 가치가 훨씬 커져 오히려 높은 비용으로 제품을 판매할 수 있었다"고 고백했다.

1인 기업가를 위한
스마트한 업무 도구

1인 기업가는 효율성을 위해서라도 자신에게 맞는 업무 도구를 갖춰야 한다. 업무 패턴을 이해하고 편리성을 고려한 업무 도구를 만들자. 개인의 특성에 맞춰 도구를 선택하는 것이 좋다. 장소에 구애받지 않고 일하기 위해서는 온라인 저장소를 사용하길 권한다.

    내 업무 도구는 모바일 오피스 환경에 최적화되어 있다. 사무실에는 놓고 쓰는 맥북 프로 15인치 노트북에 윈도우 사용을 위해 패러럴즈^{Parallels}를 설치해 세금계산서 발행과 국세청 신고 작업을 한다. 이동 시에는 가벼운 노트북(맥북 12인치)을 휴대한다. 이 노트북을 이용해 이동 중에도 글쓰기가 가능하다. 문서 관리는 온라인 저장소를 사용한다.

5-7 1인 기업 업무 도구

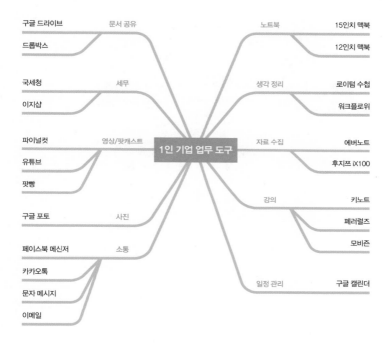

내가 사용하는 작업 도구로는 생각을 정리하는 워크플로위, 자료 수집을 위한 에버노트, 문서 작업을 위한 구글 드라이브가 있다. 사용하는 디바이스가 달라도 동기화만 하면 언제나 같은 환경이 되기 때문에 편리하다. 공유와 협업 작업에도 좋다.

아래는 비주얼 씽킹 전문가 정진호 씨의 업무 도구다. 그는 그림, 글쓰기, 강의, 사진, 영상 작업을 많이 한다. 따라서 생각 정리 도구

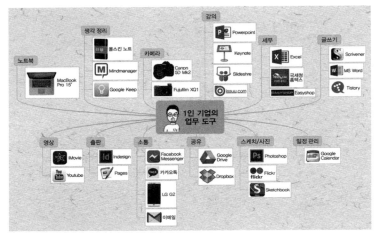

(출처: 정진호 블로그 http://lovesera.tistory.com/)

에 아날로그와 마인드맵을 함께 사용하고, 출판은 인디자인과 페이지를 사용한다. 클라우드 서비스도 사용한다. 이 모든 환경은 모바일에 최적화되어 있다. 이동성을 고려한 작업 환경이다.

일러스트 작가 정희정 씨도 대부분의 자료가 아날로그 형태라서 관리하는 데 어려움이 컸다. 이것을 해결하기 위해 에버노트와 구글 드라이브로 온라인 저장소를 구축했다. 작업은 집에서 하지만 여러 활동은 외부에서 이루어진다. 이를 위해 가방을 키우기보다 온라인 저장소를 만든 것이다.

5–9 일러스트 작가 정희정 씨의 업무 도구

(출처: 너굴양 브런치 https://brunch.co.kr/@nergul01/19)

잘하는 일을
찾은 사람들

10년 전 회사를 그만둘 때 회사 대표는 마지막 면담에서 내게 앞으로 무엇을 할지 물었다. 나는 사람들과 만나서 이야기를 하고 그것을 토대로 콘텐츠를 만들어 평생 책을 쓰겠다고 했다. 대표는 이 이야기를 듣고 무척 황당해했다. 그리고 10년 동안 모바일과 소셜 미디어 환경이 대세가 되었다. 이런 환경 변화는 나의 터무니없어 보이던 계획을 실현시켰다.

내 중심에는 언제나 인터뷰가 있었다. 내가 남보다 잘할 수 있는 것이 무엇일까 고민했고 그중 하나는 '인터뷰'라고 생각했다. 인터뷰를 하는 나의 모습이 가장 자연스럽고 행복했다는 것을 깨달았다. 인터뷰 덕분에 활동 분야도 넓힐 수 있었다. 블로그에도 남과 다르

세미나 블로그
토크 콘서트 인터뷰 책 집필
전문 상담 팟캐스트

게 전문 CEO, 대한민국 아버지, 롤 모델, 스타트업 이야기 등 수많
은 인터뷰 콘텐츠를 담았다. 이것을 기반으로 2차 콘텐츠인 책을 집
필했다. 책에는 인터뷰로 얻은 다양한 경험을 기록했다. 팟캐스트
진행에도 그간의 인터뷰 경험이 도움이 되었다. 경험이 쌓이면서 내
가 이 일을 잘한다는 것을 알게 되어 매우 기뻤다. 잘하는 일을 토대
로 수익도 만들 수 있으니 1인 기업은 내게 참 잘 맞는 구조다.

이진아콘텐츠컬렉션의 이진아 대표는 출판기획자로 자리를 잡기
까지 많은 우여곡절을 겪었다. 일 벌이기를 좋아하는 그는 언제나
일을 시작만 하고 마무리는 못하는 경우가 많았다. 그럼에도 불구하
고 새로운 기획이나 아이디어가 많다 보니 꾸준히 일을 벌였다. 이
런 자신의 성향이 기획자에 적합하다는 사실을 알고 난 후부터는 본
인이 못하는 부분은 그것을 잘하는 사람들과 협업(분업)했다. 혼자

일하는 사람은 대체로 시작부터 마무리까지 혼자 하려는 것이 일반적이다. 하지만 이 대표는 자신이 잘할 수 있는 부분만 하고 나머지 영역은 다른 전문가들에게 맡긴다. 최근 이 대표는 출판 기획에서 분야를 넓혀 문화 기획도 하고 있다. 만약 그가 시작부터 마무리까지 해내려고 했다면 어떤 일도 제대로 할 수 없었을 것이다. 자신이 어떤 일을 잘하는지 제대로 알고 난 후, 오히려 더 많은 기획을 하게 되었고 인정도 받았다.

캘리그라퍼 장영호 대표는 패션 관련 직장을 다니다 나와서 찾은 일이 손 글씨다. 초등학교 때부터 다듬은 능력을 자신만의 사업 아이템으로 만든 예다. 장 대표는 신문을 보면서도 헤드라인을 자신이 쓴다면 어떨까 상상하며 글씨 쓰기를 반복했다고 한다. 예쁜 글씨가 있으면 따라 써보며 자기만의 스타일을 입혔다고 한다. 이런 과정을 거쳐 지금의 장영호 손 글씨가 완성되었다.

네트워킹 비즈니스가
필요하다

창업 후에는 네트워킹(인맥)도 능력이다. 《쿨하게 생존하라》의 저자 김호 씨는 "성공을 위해서는 아는 사람이 필요하다. 진정한 네트워킹은 같이 밥 먹고 술 사는 그런 관계가 아니다. 나를 필요로 하기 전에 내가 먼저 도와주고 자연스럽게 상대에게 내 평판이 올라갈 때 만들어지는 것이다"("쿨하게 생존하라 김호대표, 1인기업가 스토리", 〈나는 1인기업가다〉, 6편 2부)라고 말했다

친한 사람들은 나와 생각도 비슷하고 접하는 정보도 비슷하다. 새로움이 없는 것이다. 그러나 아는 사람, 이른바 약한 연대를 맺은 사람은 나에게 신선한 정보를 주고 그것은 새로운 아이디어와 기회로 연결될 가능성이 높다. 이는 마크 그라노베터Mark Granovetter의 논문

〈약한 연대의 강력한 힘〉에서 검증된 내용이다. 이것이 연대와 네트워킹의 중요성이다.

약한 연결 고리가 매우 의미 있게 사용된 사례가 있다. 나는 여러 매체를 통해 유용한 정보를 공유해온 지 10년째다. 경험적 정보는 블로그, 유튜브, 팟캐스트로 제작하고 이것을 트위터와 페이스북에 올려 해당 콘텐츠의 바이럴 역할을 수행하게 하며 소통한다. 정기적으로 오프라인 세미나를 열고 강의 자료도 공개한다. 이렇게 쌓인 모든 정보를 정리해서 책으로 출간한다. 나는 이 과정에서 연대의 힘을 느낀다. 책을 출간하면 나의 청중들이 가장 먼저 구매한다. 그들은 또한 강의나 컨설팅을 의뢰하고 대부분의 비즈니스가 풀리도록 도와준다. 모두가 약한 연결 고리 속에서 일어나는 일이다.

네트워킹의 필수 조건은 필요하기 전에 관계를 만드는 것이다. 소셜 네트워크 서비스를 잘 이용하면 가능하다. 케빈 베이컨^{Kevin Bacon}의 알고리즘에 따르면 전 세계 사람들은 6단계 이내에 서로 아는 사이로 연결될 수 있다고 한다.

통상 혼자 일한다고 하지만 1인 기업에 네트워킹 또는 협업 비지니스는 필수다. 10년 넘게 1인 기업을 유지하는 사람들을 보면 실력만큼 뛰어난 네트워킹 노하우를 가지고 있다.

비즈웹코리아 은종성 대표는 "단순한 네트워크에서보다 발을 깊숙이 담글 때 더 많은 일이 일어났다. 단순하게 아는 사람에서, 내 사람이다 싶을 때 챙겨주는 것이 크다. 이런 관계는 단시간에 쌓이는 것은 아니다. 전문성을 기반으로 꾸준하게 일을 하면서 얻게 된다"("매출을 늘리기 위한 온라인 마케팅 프로모션 전략 (with 은종성)", 〈나는 1인기업가다〉, 38편 2부)라고 말했다.

'내 사람'이란 어떻게 맺어지고, 과연 누가 내 사람일까? 내 사람은 상대를 감동시켰을 때 얻어진다. 주어진 일에 최선을 다하는 것은 기본이고, 관계를 맺는 데 시간도 필요하다. 관계를 맺기 시작한 초반에는 단순한 일(금액도 높지 않은 경우가 많다)이 주어지지만, 내 사람이다 싶으면 조금 다른 일을 제안한다. 그 일은 대체로 좀 더 가치 있고 비용도 높은 것이다. 더 깊은 관계를 맺기 위한 방법은 아주 간단한 것부터 시작된다. 담당자를 만나러 온 김에 다른 담당자를 만나는 등의 행동은 전혀 도움이 안 된다. 관계에 집중하는 것이 좋다.

좋은 네트워킹을 활용하라

첫 번째는 책 출간이다. 이는 가장 이상적인 작업 중 하나다. 독자를 만나면서 동시에 예비 고객을 확보할 수 있기 때문이다. 해당 주제에 관심 있는 사람들과 온라인과 오프라인으로 만날 수 있다. 자연스럽게 퍼스널 브랜드 형성에도 도움이 된다. 최고의 영업 방법이기도 하다.

두 번째는 정기적인 행사 참여다. 관심 분야의 전문가들이 모인

정기 행사라면 더 의미 있다. 네트워킹을 만들기에도 그만이다. 나는 마땅한 행사가 없을 때면 직접 주최하기도 한다. 에버노트 사용자들과는 20개월 동안 디너 파티를 진행했다. 팟캐스트를 운영하면서부터는 '1인기업가 포럼'을 만들어 매달 진행 중이다. 이 자리에는 다양한 분야의 1인 기업가들이 참여한다. 이 자리에서 친목을 도모하고 자연스럽게 서로의 일에 도움을 주고받는다. 이런 자리에서 든든한 파트너를 구하는 것이다.

협업을 확대하라

협업으로 생산과 제작 그리고 전체 비용을 줄인 사례는 많다. '남치니 마스크팩'을 제작한 BK로웰의 김보경 대표는 20년간 화장품 업계에 있으면서 얻은 노하우를 가지고 창업했다. 화장품은 규모의 경제에서 풀어야 한다. 전문 연구소를 갖추고 있는 것이 유리하다. 그러나 김 대표에게는 둘 다 없었다. 그는 이 단점을 자신만의 경험과 노하우로 극복했다.

제조업은 제품을 생산하고, 유통 채널을 확보하는 것이 관건이다. 좋은 제품을 만든다 해도 유통 채널이 없으면 소용없다. 김 대표는 유통 채널을 확보하고 비용도 줄이기 위해 두 회사와 협업했다. 제품 제작 시에는 캐릭터 디자인으로 차별성을 확보했다. 이는 디자인 전문 회사와의 제휴로 가능했다. 김 대표는 브랜드 마케팅에 집

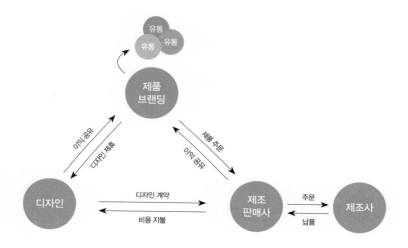

중하고 디자인, 제조, 판매 유통 채널 확보는 각각의 전문 업체와 협업한 것이다. 현재 김 대표의 상품은 인기리에 판매 중이다.

김 대표는 협업의 장점으로 세 가지를 꼽았다. 첫째, 위험 부담이 감소한다. 기획 단계부터 제품을 완성하기까지 각각의 영역에서 유통 채널을 확보해 위험 부담을 낮췄다. 부족한 것은 서로 채우면서 이익을 확대했다. 둘째, 비용 감소다. 각 과정에 전문가들이 참여하면 불필요한 비용이 줄어든다. 더불어 제품 개발과 제작에 참여한 사람들이 자발적으로 제품을 홍보해주니 그 비용도 절약됐다. 셋째, 전문성 확보다. 어설프게 아는 사람이 모든 과정을 진행하면 당연히 제품의 완성도가 떨어진다. 이럴 때는 각 분야의 전문가와 함께 일하는 것이 정답이다. 제품의 완성도는 전문성에서 비롯된다.

비즈니스에 한 단계 업그레이드가 필요할 때는 과감하게 협업을 시도하라. 단, 제대로 협업하기 위해서 고려해야 할 것들이 있다. 특히 협업에서는 과정이 중요하다.

협업을 위한 조건

첫째, 정확한 수익 분배는 필수 조건이다. 투명하게 수익을 공개해 투자 대비 수익을 만들어야 한다.

둘째, 각자의 역할을 파악해야 한다. 각자 잘하는 것이 무엇인지 파악하고 시너지 효과가 나도록 업무를 조율한다. 이때 서로를 존중할 수 있는 체계가 반드시 필요하다.

셋째, 원활한 커뮤니케이션에 힘써야 한다. 커뮤니케이션이 원활하면 어떤 문제가 생겨도 커지기 전에 잡을 수 있다. 그러나 반대의 상황에서는 없어도 될 문제가 생기고는 한다. 협업 시에는 문제가 발생하기 전에 투명하게 업무를 나누고 문제가 발생하면 문제의 핵심이 무엇인지 파악해서 해결책을 찾아야 한다.

1인 기업가 시대

2015년 상반기쯤 세종서적의 윤혜자 팀장에게서 1인 기업가를 다루는 책을 출간하자고 제안받았을 때 무척이나 망설였다. 다른 것도 아닌 직업이라는 세계를 향한 도전이었고, 체계적인 창업을 운영했던 것도 아니었기에 내가 쓰기에는 역량이 부족하다고 느껴서였다. 그런데 우연히 시작한 팟캐스트가 이 책을 꾸준히 작업할 수 있도록 도와줘 새로운 기회를 가질 수 있었다. 1년 넘게 작업한 덕분에 1인 기업을 좀 더 깊게 이해할 수 있었다. 이런 기회를 주신 데 다시 한번 감사드린다.

1인 기업가 생활이 어느새 10년을 맞이했다. 지나고 보니 무모하게 도전했다는 것을 절감한다. 꿈도 너무 컸고, 쉽지 않은 도전이었다. 창업 5년 뒤부터는 운영 목표가 성공보다는 생존으로 바뀌기도 했다. 열정과 노력만으로 현실을 극복하기에는 부족하다는 것을 알게 된 시점이었다. 만약 그때 누군가로부터 1인 기업의 성공 노하우를 듣거나 조언을 받았다면 방향은 크게 달라졌을 것이다.

예비 1인 기업가들이 가장 많이 하는 질문은 "어디서부터 어떻게 시작해야 하는가?"이다. 직장 생활을 하지만 독립을 꿈꾸는 사람들은 어느 정도의 준비 과정을 거친 뒤 1인 기업을 시작해야 하는지, 직장에서 하는 일을 그대로 직업으로 만들 수 있을지 가장 궁금해한다. 시작하기는 해야겠는데 어떻게 해야 할지 몰라서 나오는 질문이다. 나는 이에 대한 답을 팟캐스트에서 찾았고, 이 책을 통해 독자들에게 전달하고자 했다.

팟캐스트 〈나는 1인기업가다〉는 2015년 12월에 시작했다. 10년간의 1인 기업 생활을 돌아보고 싶기도 했고, 다른 1인 기업가 분들의 삶과 노하우를 듣고 싶기도 했다. 62회를 마친 지금까지 80명이 넘는 게스트와 이야기했고, 다운로드 수는 110만이 훌쩍 넘었다. 팟캐스트를 듣고 1인 기업을 준비하는 분들도 생겨났고, 혼자 일하는 외로움을 달래는 분, 성공 노하우를 배우는 분도 생겨 이제는 1인 기업가의 고정 채널이 되었다.

팟캐스트에서 만난 분들을 보면 취미가 직업이 된 분, 권고사직을 당해서 창업한 분, 미래를 바꾸고자 새로운 직업을 선택한 분까지 정말 다양한 분들이 계셨다. 빠르게 변하는 사회 속에서 더 빠르게 성장하는 1인 기업도 많았고, 이제는 중소기업도 경쟁해오고 있었다.

직장은 일할 곳과 직책을 주었으나 당신의 평생을 책임질 직업을 제공하지는 않는다. 자신의 미래와 생존을 위해서라도 어디서든 당당할 수 있는 전문적인 직업을 가져야 할 시기다. 지금 사회는 이제 평생 직업, 평생 노동의 시대로 도래했다. 80세, 아니 어쩌면 100세까지 일해야 할지도 모른다. 전문 직업이 없다면 아무도 나를 책임져주지 않는다.

2016년 1인 창조기업 통계(중소기업청이 발표한 2016년 1인 창조기업은 24만 9774개다)를 살펴보니 전년도 대비 80퍼센트 넘게 성장하고 있었다. 전 세계적 문제인 실업률 상승도 1인 기업을 부추긴다. 생산 시스템의 자동화는 실업률 상승과 떼려야 뗄 수 없는 관계다. 개인은 스스로 고용 문제를 해결해야 한다. 앞으로는 1인 기업가(프리랜서)가 되어 자신의 전문성을 각각의 프로젝트로 만들어 파는 일이 보편화될 수밖에 없다.

1인 기업은 세계적인 추세다. "미국서 '1인 기업' 인기… 10년간 17퍼센트 늘어나"(〈미주 한국일보〉, 2016년 12월 30일 자)라는 기사가 언급했듯, 사장이 직원을 고용하지 않고 '나홀로' 제조·경영을 도맡은 회사가 2004년부터 10년 사이 17퍼센트 증가해 2014년에 35만 개를 넘었다고 〈월스트리트저널Wall Street Journal〉이 보도했다.

1인 기업을 단순한 프로젝트 정도나 일시적 현상이라고 생각하면 안 된다. 개인이 평생 직업을 찾는 방법이기에 가능한 한 다양한 사람들의 이야기를 들어볼 필요가 있다.

또한 1인 기업가의 직업에는 유통기한이 존재한다. 연차가 늘고 나이가 들면 활동 영역도 변화한다. 일반 기업은 연차가 쌓일수록 조직 안에서 경험을 풀 수 있지만 1인 기업은 스스로 기업이기 때문에 한계가 따른다. 이를 해결하기 위한 대비책도 마련해야 한다.

어떻게 준비하느냐도 중요하지만 성장 방법도 제대로 익혀야 한다. 단순한 아이디어 하나로 시작하는 것에는 한계가 따른다. 철저한 자기관리, 꾸준한 제품 개발, 마케팅, 세무 지식, 일하는 방법, 네트워킹 등 기업인에게 필요한 것들을 배워야 한다. 마지막으로 혼자서 답을 찾기보다 네트워킹을 통해 얻기를 바란다.

또 다른 1인 기업가와 경쟁도 하겠지만 기업과도 경쟁해야 한다. 이처럼 1인 기업은 혼자 많은 수와 싸워야 하는 어려움이 있다. 기업과 다르게 구체적인 경쟁자 비교나 대책도 없이 말이다. 이런 모든 것을 헤쳐나가는 방법이 없다면 어려움이 크다. 결국 네트워킹 확대가 중요하다. 이를 위해 가까이서 '1인기업가 포럼'을 찾아봤으면 한다.

혼자가 아닌 많은 1인 기업가 간의 연결이 필요하다. 개개인의 경험을 공유하는 것은 비즈니스로도 이어진다. 혼자이지만 연결을 통해 성장 기반을 만드는 좋은 사례가 생겨난다면 새로운 가능성을 제시할 수 있을 것이다. 이를 위한 기반으로 새로운 조직 형태인 '1인 기업 협동조합'을 시작했다.

10년 동안의 변화는 수많은 1인 기업가들이 출현했다는 것이다. 이들은 혼자서 일하는 것에 익숙하겠지만 앞으로는 변화가 필요하다. 그렇다고 기업 형태로 묶어 조직을 이루기보다는 각자의 일을 하면서 느슨한 연결 조직을 만들어 비즈니스를 확장해야 한다. 기업보다 더 강력한 조직을 이루어 사회적 어려움을 헤쳐나갈 수 있어야 하기에 네트워킹은 무척 중요하다. 사회는 이들 신생 조직이 강력해질수록 더 많은 1인 기업가들의 출현을 기다릴 것이다.

2017년에는 나만의 직업을 찾는 분들이 다른 어느 때보다 많을 것이다. 이분들이 이 책을 통해 준비하고 사회에 나와 모두 성공하기를 바란다.

팟캐스트는 1인 기업가의 경험 노하우를 들을 수 있는 중요한 역할을 했다. 1년 동안 수고해준 '너굴양'에게 감사한다. 매주 새로운 주제와 새로운 게스트를 섭외하는 일은 고난의 연속이었다. 80명이 넘는 게스트가 〈나는 1인기업가다〉에 다녀갔으며, 이들의 이야기를 매주 풀 수 있어서 무척 즐거운 시간이었다. 그 덕분에 개인적 성장도 할 수 있었다. 마지막으로 꾸준히 방송을 들어주신 애청자 분들이 안 계셨다면 팟캐스트를 지속할 수 없었기에 다시 한 번 감사

드린다.

　한 권의 책을 완성하기 위해서는 많은 분들의 도움이 필요하다. 최고의 도움이라면 역시 물심양면으로 도와주신 세종서적 편집부다. 끝까지 좋은 책을 만들기 위해 노력을 아끼지 않은 윤혜자 팀장에게 감사드린다.

　매주 책을 쓴다고 반년 넘게 주말에도 카페에 나갔다. 가족에게는 무심한 남편이었기에 미안하다. 묵묵히 기다려주고 언제나 좋은 책을 쓰라고 조언을 아끼지 않은 아내와 혜민이에게도 다시 한 번 고맙고 사랑한다는 말을 전한다.

　이 책이 세상의 빛을 보기까지 많은 분들의 도움을 받았다. 그 모든 분들께 감사 인사를 드린다.

2017년 2월

부암동 카페에서